婴幼儿
家庭教育指导与咨询

李　薇　唐丹丹　孙运红　主编

教·学
资　源

中国言实出版社

图书在版编目（CIP）数据

婴幼儿家庭教育指导与咨询 / 李薇，唐丹丹，孙运
红主编. -- 北京：中国言实出版社，2025.1. -- ISBN
978-7-5171-5038-1

Ⅰ. G781

中国国家版本馆CIP数据核字第2025UM8928号

婴幼儿家庭教育指导与咨询

责任编辑：李　岩　迟家宁
责任校对：李　颖

出版发行：中国言实出版社
　　　　　地　址：北京市朝阳区北苑路180号加利大厦5号楼105室
　　　　　邮　编：100101
　　　　　编辑部：北京市海淀区花园北路35号院9号楼302室
　　　　　邮　编：100083
　　　　　电　话：010-64924853（总编室）　　　　010-64924716（发行部）
　　　　　网　址：www.zgyscbs.cn　　　电子邮箱：zgyscbs@263.net

经　　销：新华书店
印　　刷：北京谊兴印刷有限公司
版　　次：2025年1月第1版　　2025年1月第1次印刷
规　　格：787毫米×1092毫米　　1/16　　12印张
字　　数：277千字

定　　价：39.80元
书　　号：ISBN 978-7-5171-5038-1

前言
PREFACE

　　家庭是人生的第一所学校，家庭教育是人生教育的开端和基础。2019年5月，中华全国妇女联合会、中华人民共和国教育部等部门共同印发了《全国家庭教育指导大纲（修订）》（以下简称《大纲》）。《大纲》不仅明确了家庭教育的重要地位和作用，还规范了家庭教育指导内容及要求。

　　依托于《大纲》，我们积极探索婴幼儿家庭教育指导的各种可能途径，并结合高等院校人才培养方案的要求和学生的就业需求，推出了这本《婴幼儿家庭教育指导与咨询》。

　　具体来说，本书主要有以下特点。

1 立德树人，德技并修

　　本书遵循党的教育方针，以促进儿童全面健康成长为目标，以立德树人为根本任务，将职业道德、职业素养等素质教育元素有机融入教材中，实现知识传授、能力培养和价值引领的有机统一，促进家庭教育在人才培养中发挥重要基础作用。

2 贴近职业，通俗易懂

　　本书紧紧围绕行业需求和岗位要求，循序渐进地介绍了婴幼儿家庭教育指导与咨询的相关知识和技能，内容通俗易懂，语言深入浅出，具有较强的实用性和指导性。

3 模块丰富，注重实践

　　本书的每一讲均设有"学习目标""应用场景""典型任务""新手指导""学以致用""学习评价"6大模块，各个模块的作用如下。

　　✎ 学习目标：阐述学生在学完本讲内容后应达到的知识目标、技能目标和素养目标，使学生有目的地开展学习。

　　✎ 应用场景：引入与知识模块相关的真实案例或对话片段，激发学生的学习兴趣。

　　✎ **典型任务**：提出与应用场景相关的问题和要求，引导学生思考、分析并找出答案。

　　✎ **新手指导**：系统且详尽地介绍主要的知识内容，帮助学生学习相关知识。

　　✎ **学以致用**：设置综合测试，包含选择题、判断题、简答题、实践题等多种题型，帮助学生检验学习成果、巩固所学知识和技能。

　　✎ **学习评价**：采用自评与师评的方式，从基本知识、实践技能、综合素质、活动成果4个方面对学生的学习成果进行评价。

　　此外，本书还在"新手指导"模块中穿插了"育儿宝典""互动空间""知识视窗""育儿小助手"等栏目，以丰富课堂教学，进一步加深学生对知识的理解。

④ 数字资源，立体教学

　　本书配有丰富的数字资源，构建了线上线下结合的教学模式。学生可以借助手机或其他移动设备扫描二维码观看微课视频，教师可以登录文旌综合教育平台"文旌课堂"查看和下载本书配套资源，如优质课件、教案、微课、课后习题答案等。

　　此外，本书还提供了在线题库，支持"教学作业，一键发布"，教师只需登录"文旌课堂"App，即可迅速选题、一键发布作业、智能批改作业，以及查看学生的作业分析报告，提高教学效率、提升教学体验。学生可在线完成作业，巩固所学知识，提高学习效率。

　　本书由陶翠萍担任主审，李薇、唐丹丹、孙运红担任主编，刘情、吕文静、时蕊、陈媛、李先莲担任副主编。由于编者水平有限，书中如有疏漏和不妥之处，诚请广大读者批评指正，以便在今后的修订中进一步完善。

　　特别说明：

　　（1）本书在编写过程中，参考了大量的资料并引（采）用了部分文章和图片。这些资料大部分已获授权，但由于部分资料来自网络，我们未能确认出处，也暂时无法联系到原作者。对此，我们深表歉意，并欢迎原作者随时与我们联系，我们将按规定支付稿酬。

　　（2）本书所选案例均来源于真实事件，但为了避免引起误会，部分人物使用了化名。

　　（3）本书没有注明资料来源的案例均为编者根据真实事件改编。

🔍 | **本书配套资源下载网址和联系方式**

🌐 网址：https://www.wenjingketang.com

📞 电话：400-117-9835

✉ 邮箱：book@wenjingketang.com

目 录 CONTENTS

第一讲　婴幼儿家庭教育指导概述　　1

　模块一　婴幼儿家庭教育 ·· 2
　◉ 应用场景 ··· 2
　◉ 典型任务 ··· 2
　　一、信息获取 ··· 2
　　二、实践记录 ··· 3
　◉ 新手指导 ··· 4
　　一、婴幼儿家庭教育的概念和意义 ································· 4
　　二、婴幼儿家庭教育的内容 ··· 5
　　三、婴幼儿家庭教育的原则和方法 ································· 6

　模块二　婴幼儿家庭教育指导 ·· 12
　◉ 应用场景 ·· 12
　◉ 典型任务 ·· 13
　　一、信息获取 ·· 13
　　二、实践记录 ·· 13
　◉ 新手指导 ·· 14
　　一、婴幼儿家庭教育指导的概念和意义 ························· 14

二、婴幼儿家庭教育指导的原则和内容 …………………………………… 16

三、婴幼儿家庭教育指导的方式与途径 …………………………………… 18

学以致用 ………………………………………………………………… 23

◈ 综合测试 ………………………………………………………………… 23

学习评价 ………………………………………………………………… 26

第二讲 0～12月龄婴儿家庭教育指导与咨询 　27

模块一 0～6月龄婴儿家庭教育指导 …………………………………… 28

◈ 应用场景 ………………………………………………………………… 28

◈ 典型任务 ………………………………………………………………… 29

一、信息获取 ……………………………………………………………… 29

二、实践记录 ……………………………………………………………… 29

◈ 新手指导 ………………………………………………………………… 30

一、0～6月龄婴儿的发展特点 …………………………………………… 30

二、0～6月龄婴儿家庭教育指导策略 …………………………………… 39

模块二 7～12月龄婴儿家庭教育指导 ………………………………… 46

◈ 应用场景 ………………………………………………………………… 46

◈ 典型任务 ………………………………………………………………… 47

一、信息获取 ……………………………………………………………… 47

二、实践记录 ……………………………………………………………… 47

◈ 新手指导 ………………………………………………………………… 48

一、7～12月龄婴儿的发展特点 ………………………………………… 48

二、7～12月龄婴儿家庭教育指导策略 ………………………………… 54

经典咨询实例 …………………………………………………………… 60

咨询一 不会爬的宝宝 …………………………………………………… 60

咨询二 别让强制的学习夺走童年的快乐 ……………………………… 61

学以致用 ………………………………………………………………… 62

◈ 综合测试 ………………………………………………………………… 62

学习评价 ………………………………………………………………… 65

第三讲 1～3 岁幼儿家庭教育指导与咨询 66

模块一 1～2 岁幼儿家庭教育指导 …………………………… 67

◉ 应用场景 …………………………………………………… 67

◉ 典型任务 …………………………………………………… 67

一、信息获取 ………………………………………………… 67

二、实践记录 ………………………………………………… 68

◉ 新手指导 …………………………………………………… 69

一、1～2 岁幼儿的发展特点 ……………………………… 69

二、1～2 岁幼儿家庭教育指导策略 ……………………… 75

模块二 2～3 岁幼儿家庭教育指导 …………………………… 83

◉ 应用场景 …………………………………………………… 83

◉ 典型任务 …………………………………………………… 83

一、信息获取 ………………………………………………… 83

二、实践记录 ………………………………………………… 84

◉ 新手指导 …………………………………………………… 85

一、2～3 岁幼儿的发展特点 ……………………………… 85

二、2～3 岁幼儿家庭教育指导策略 ……………………… 89

经典咨询实例 ……………………………………………………… 97

咨询一 说脏话的豆豆 …………………………………… 97

咨询二 闹腾的快快 ……………………………………… 98

咨询三 你不会 …………………………………………… 99

咨询四 妈妈，你是不是不喜欢我？ …………………… 100

学以致用 …………………………………………………………… 101

◉ 综合测试 …………………………………………………… 101

学习评价 …………………………………………………………… 104

第四讲　智力障碍与精神障碍婴幼儿家庭教育指导与咨询　105

模块一　智力障碍婴幼儿家庭教育指导 …………………… 106

- 应用场景 ……………………………………………………… 106
- 典型任务 ……………………………………………………… 107
  - 一、信息获取 ……………………………………………… 107
  - 二、实践记录 ……………………………………………… 107
- 新手指导 ……………………………………………………… 108
  - 一、智力障碍婴幼儿概述 ………………………………… 108
  - 二、智力障碍婴幼儿家庭教育指导策略 ………………… 110

模块二　精神障碍婴幼儿家庭教育指导 …………………… 113

- 应用场景 ……………………………………………………… 113
- 典型任务 ……………………………………………………… 113
  - 一、信息获取 ……………………………………………… 113
  - 二、实践记录 ……………………………………………… 114
- 新手指导 ……………………………………………………… 115
  - 一、精神障碍婴幼儿概述 ………………………………… 115
  - 二、精神障碍婴幼儿家庭教育指导策略 ………………… 116

经典咨询实例 …………………………………………………… 120

- 咨询一　不说话的明明 …………………………………… 120
- 咨询二　无法冷静的汤汤 ………………………………… 121

学以致用 ………………………………………………………… 122

- 综合测试 …………………………………………………… 122

学习评价 ………………………………………………………… 125

第五讲　感觉障碍与肢体障碍婴幼儿家庭教育指导与咨询　126

模块一　视觉障碍婴幼儿家庭教育指导 …………………… 127

- 应用场景 ……………………………………………………… 127

⊙ **典型任务** ·· 127

　　一、信息获取 ·································· 127

　　二、实践记录 ·································· 128

⊙ **新手指导** ·· 129

　　一、视觉障碍婴幼儿概述 ·················· 129

　　二、视觉障碍婴幼儿家庭教育指导策略 ················· 130

模块二　听觉障碍婴幼儿家庭教育指导 ··········· 134

⊙ **应用场景** ·· 134

⊙ **典型任务** ·· 134

　　一、信息获取 ·································· 134

　　二、实践记录 ·································· 135

⊙ **新手指导** ·· 136

　　一、听觉障碍婴幼儿概述 ·················· 136

　　二、听觉障碍婴幼儿家庭教育指导策略 ············· 137

模块三　肢体障碍婴幼儿家庭教育指导 ··········· 139

⊙ **应用场景** ·· 139

⊙ **典型任务** ·· 140

　　一、信息获取 ·································· 140

　　二、实践记录 ·································· 140

⊙ **新手指导** ·· 141

　　一、肢体障碍婴幼儿概述 ·················· 141

　　二、肢体障碍婴幼儿家庭教育指导策略 ············· 142

经典咨询实例 ·· 146

　　咨询一　渴望自由的伟伟 ·················· 146

　　咨询二　对声音不敏感的小月 ·················· 147

学以致用 ·· 148

⊙ **综合测试** ·· 148

学习评价 ·· 151

第六讲　不同类型家庭婴幼儿家庭教育指导与咨询　152

模块一　单亲家庭婴幼儿家庭教育指导 ················· 153
　应用场景 ·· 153
　典型任务 ·· 153
　　一、信息获取 ····································· 153
　　二、实践记录 ····································· 154
　新手指导 ·· 155
　　一、单亲家庭对婴幼儿发展的消极影响 ··············· 155
　　二、单亲家庭婴幼儿家庭教育易出现的问题 ··········· 156
　　三、单亲家庭婴幼儿家庭教育指导策略 ··············· 156

模块二　重组家庭婴幼儿家庭教育指导 ················· 159
　应用场景 ·· 159
　典型任务 ·· 159
　　一、信息获取 ····································· 159
　　二、实践记录 ····································· 160
　新手指导 ·· 161
　　一、重组家庭对婴幼儿发展的消极影响 ··············· 161
　　二、重组家庭婴幼儿家庭教育易出现的问题 ··········· 161
　　三、重组家庭婴幼儿家庭教育指导策略 ··············· 162

模块三　隔代抚养家庭婴幼儿家庭教育指导 ············· 164
　应用场景 ·· 164
　典型任务 ·· 165
　　一、信息获取 ····································· 165
　　二、实践记录 ····································· 165
　新手指导 ·· 166
　　一、隔代抚养家庭对婴幼儿发展的消极影响 ··········· 166
　　二、隔代抚养家庭婴幼儿家庭教育易出现的问题 ······· 167
　　三、隔代抚养家庭婴幼儿家庭教育指导策略 ··········· 168

经典咨询实例 ·· 171

    咨询一　过度依赖妈妈的小涛 ··· 171

    咨询二　过度赞美不可取 ·· 172

学以致用 ··· 173

    ◉ 综合测试 ··· 173

学习评价 ··· 177

参考文献　178

第一讲

婴幼儿家庭教育指导概述

学习目标

知识目标

- 了解婴幼儿家庭教育的概念和意义。
- 熟悉婴幼儿家庭教育的内容、原则和方法。
- 了解婴幼儿家庭教育指导的概念和意义。
- 掌握婴幼儿家庭教育指导的原则、内容、方式与途径。

技能目标

- 能够灵活运用婴幼儿家庭教育的方法。
- 能够采用合适的指导方式对养育人员进行家庭教育指导。

素养目标

- 培养尊重婴幼儿、关爱婴幼儿的良好师德。
- 树立科学的育儿观，为将来从事家庭教育指导工作做好准备。

模块一 婴幼儿家庭教育

婴幼儿家庭教育的重要性

📋 应用场景

不说话的佳佳

2岁的佳佳不喜欢说话，很少与人交流，也不喜欢和其他小朋友一起玩游戏。佳佳妈妈认为佳佳这个年龄段的孩子应该多交朋友，因此经常带着佳佳到小区楼下活动，并强迫佳佳主动和其他小朋友打招呼。

后来，佳佳妈妈发现佳佳每天都待在自己的房间，完全不愿意出门。这时，佳佳妈妈才意识到自己强迫佳佳与其他小朋友交往的行为已经让佳佳产生焦虑和不安的情绪，然而佳佳妈妈不知道接下来该怎么做才能帮助佳佳走出当前的困境。

📋 典型任务

一、信息获取

1. 描述佳佳出现的异常行为。

2. 指出佳佳妈妈在教育佳佳的过程中所存在的问题。

3. 假如你是指导人员，你会从哪几个方面对佳佳妈妈进行指导？

二、实践记录

家庭教育指导记录表

姓名：   性别：   年龄：

养育人员：

指导人员：

指导时间：

指导内容：

指导难点：

问题记录：

思考与总结：

新手指导

一、婴幼儿家庭教育的概念和意义

（一）婴幼儿家庭教育的概念

婴幼儿家庭教育是指养育人员（父母或其他照护者）对婴幼儿实施引导和培育，以促使婴幼儿身心各方面均衡发展的一切活动。

养育人员不同的教育态度、教育方式、教育能力，都会对婴幼儿的身心发展产生极大的影响。因此，养育人员应顺应婴幼儿身心发展的规律，采取适宜的教育方法，通过陪伴、沟通和引导，促进婴幼儿在德育、智育、体育等方面获得发展。

（二）婴幼儿家庭教育的意义

家庭是婴幼儿生活的主要场所，父母是婴幼儿的第一任老师。因此，家庭教育在婴幼儿的成长过程中是不可或缺的，且在教育体系中的重要性愈发显现。

一般来说，婴幼儿家庭教育的意义主要体现在以下几个方面。

1. 为婴幼儿发展奠定良好的基础

婴幼儿家庭教育是所有教育的开端。婴幼儿如果受到良好的家庭教育，就能形成基本的价值观和行为模式、具备强健的体格、养成良好的习惯、学会如何与他人相处等，从而为其未来的发展奠定良好的基础。

2. 有利于发现特殊婴幼儿并实施早期干预

婴幼儿家庭教育有助于养育人员及时发现智力障碍婴幼儿、精神障碍婴幼儿等特殊婴幼儿，并对其实施有针对性的早期干预措施，从而更好地治愈或减轻其病症。

3. 为国家发展奠定人才基础

婴幼儿家庭教育是学校教育和社会教育的基础，影响着教育质量和国民素质。因此，婴幼儿家庭教育不仅影响婴幼儿的成长及其人生目标的实现，还关乎国家发展、民族进步、社会稳定及可持续发展。

二、婴幼儿家庭教育的内容

婴幼儿家庭教育的内容非常广泛，可以概括为以下几个方面。

（一）健康教育

健康教育是实施婴幼儿家庭教育的基本内容，主要涉及营养和喂养、卫生和保健、身体动作发展等几个方面。

（1）营养和喂养。营养和喂养是指婴幼儿日常饮食方面的教育，主要包括母乳喂养、食谱编制、膳食制作、科学营养理念等内容。养育人员应根据婴幼儿的生理发展需要，合理安排婴幼儿的饮食结构，保证其获取充足的营养，同时培养婴幼儿不挑食、不厌食、不偏食、不暴饮暴食及独立进餐的良好饮食习惯。

（2）卫生和保健。卫生和保健是指婴幼儿日常护理方面的教育，主要包括婴幼儿穿着、洗漱、如厕等内容。养育人员应细心照料婴幼儿的日常生活，培养婴幼儿良好的生活习惯和卫生习惯，使其具备基本的自理能力。

（3）身体动作发展。身体动作发展是指婴幼儿身体运动技能方面的教育，包括粗大动作发展和精细动作发展。粗大动作发展涉及身体躯干和四肢大肌肉群的大幅度动作的发展。常见的粗大动作包括抬头、翻身、坐、爬、站、走、跑、跳等。精细动作发展涉及手部等小肌肉群的发展。常见的精细动作包括握、捏、抓、击、撕、推、摇等。养育人员应对婴幼儿进行适当的动作训练，促进婴幼儿四肢与躯干运动能力的发展，并提升婴幼儿运动的协调性和灵活性。

育儿小助手

身体动作发展不仅有助于增强婴幼儿的体质、促进婴幼儿身体的正常发育，而且能够促进其脑部神经组织的发育，使其神经细胞更为丰富和敏感，是婴幼儿大脑发育成熟的"催化剂"。以手的动作为例，婴幼儿手指的活动越多、越精细，越能刺激其大脑皮层上相应区域的生理活动。

（二）认知教育

认知教育是指通过训练婴幼儿的认知能力，发展其感知、记忆、注意、思维和想象等认知能力，从而提高婴幼儿认知水平和经验的活动。

由于婴幼儿的典型思维方式是直觉动作思维（个体根据对事物的直接感知和实际动作来解决问题的思维方式），在语言能力形成之前，婴幼儿的认知能力主要是以动作来表现的。养育人员应充分利用各种条件，提供各类有益于婴幼儿感官发展的机会，让其在观看、倾听、嗅闻、触摸等活动中获得各种经验，帮助其识别、熟悉周围环境，激发其对事物的探索与学习兴趣，培养其积极动手、动口、动脑的习惯，从而促进婴幼儿认知能力的发展。

（三）语言教育

语言教育是指通过训练婴幼儿的语言能力，帮助婴幼儿积累词汇量，从而培养婴幼儿的语言理解和表达能力的活动。养育人员应在了解婴幼儿语言发展的客观规律的基础上，为婴幼儿创设一个轻松、快乐的语言环境，并开展丰富的语言教育活动。

（四）社会教育

社会教育是指通过训练婴幼儿的社会态度和社交能力，帮助婴幼儿建立规则意识，培养婴幼儿价值观和行为模式的活动。例如，如果养育人员每次带着婴幼儿过马路时都耐心地为其讲述交通规则并教导其遵守规则，婴幼儿便会懂得遵守交通规则。养育人员应创设一个能使婴幼儿感受到被接纳、关爱和支持的良好环境，同时为婴幼儿创造各种社交机会，帮助婴幼儿养成良好的社交行为习惯。

（五）艺术教育

艺术教育是指以艺术美、自然美和社会美为内容，通过生动有趣的艺术活动，培养婴幼儿的艺术兴趣的活动。养育人员应营造一个具有艺术氛围的家庭环境，与婴幼儿一起参与审美实践活动，引导婴幼儿学会用眼睛去发现美、用心灵去体会美、用双手去创造美，从而培养婴幼儿健康的审美情趣，提高婴幼儿的艺术表现能力。

三、婴幼儿家庭教育的原则和方法

（一）婴幼儿家庭教育的原则

婴幼儿家庭教育不能随心所欲、随意而行，必须遵循一些客观规律，并以相应原则为指导，才能确保家庭教育内容的合理性，从而取得理想的教育效果。

1. 科学性原则

婴幼儿家庭教育的开展必须是科学的，否则会给婴幼儿的身心发展带来消极影响。养育人员应以科学的方法为指导，用开放的心态为婴幼儿提供快乐、自由、支持的环境，鼓励婴幼儿积极尝试和表达自己的想法，以促进婴幼儿更好地发挥个人潜能。

2. 安全性原则

婴幼儿天生充满好奇心，他们在探索周围环境时，可能会做出一些危险动作。因此，养育人员应定期排查家居环境中的安全隐患，并及时做好相应的防护措施，如安装插头保护套、桌椅防撞条等。此外，养育人员还应提醒婴幼儿注意安全，帮助其建立安全意识。

3．适度性原则

在婴幼儿家庭教育中，养育人员在教育目标的设定和教育态度上都应把握好尺度。一方面，养育人员应考虑到婴幼儿的实际发展水平，既不操之过急、揠苗助长，也不放任自流，而是从易到难、从简到繁，循序渐进地开展教育活动；另一方面，养育人员应满足婴幼儿合理的需求，拒绝其不合理的需求，并说明不能满足其需求的原因，不能因为婴幼儿哭闹就轻易妥协。

4．趣味性原则

0～3 岁是婴幼儿的认知、情感、社交等多方面能力发展的关键期，富有趣味性的教育方法能够更好地适应婴幼儿的发展特点，从而激发婴幼儿的学习兴趣和积极性。因此，养育人员应从婴幼儿的特点出发，将教育与生活、游戏等密切结合，让婴幼儿更好地认识环境、适应生活、学习知识。

5．言传身教原则

言传，就是通过讲解、传授，用语言将道理讲给婴幼儿听。身教，就是以行动示范，让婴幼儿模仿。言传身教，即用语言教育婴幼儿，用行动带动婴幼儿，用表现启发婴幼儿。首先，养育人员应运用动作、语言、面部表情等与婴幼儿进行交流，告知其知识和方法，培养其良好的行为习惯。其次，养育人员应以身作则，为婴幼儿做出榜样。

6．因材施教原则

不同婴幼儿的特点和发展水平都是不一样的。养育人员应根据婴幼儿的年龄特征、个性气质及身心发展的特点，确定家庭教育的内容和要求，并运用合适的方法，有的放矢地教育婴幼儿，从而促使婴幼儿健康成长。

互 动 空 间

吃饭时，军军看见家里养的小狗就想和小狗一起玩。虽然军军妈妈说了吃完饭才能和小狗玩，但军军不但不听，还哭着跑去找奶奶。军军奶奶抱起军军，连忙说："军军乖，不哭哦，我们现在就去和小狗一起玩，不理你妈妈。"

思考：这种现象违背了家庭教育中的什么原则？应当如何解决？说说你的想法，并与同学们讨论。

科学的教育方法是实施婴幼儿家庭教育的必要条件，对婴幼儿家庭教育来说至关重要。一般来说，婴幼儿家庭教育的方法主要包括以下几种。

1．环境熏陶法

环境熏陶法是指养育人员有意识地为婴幼儿创设一个健康积极、和谐融洽的家庭氛围，以潜移默化地影响婴幼儿的教育方法。

环境熏陶法运用的基本要求主要有以下几点。

（1）适当美化家居环境，打造安全、舒适的家居空间。

（2）制订科学、合理的作息制度，帮助婴幼儿养成良好的生活习惯。

（3）建立和谐、融洽的亲子关系，营造民主、和谐的家庭氛围。

（4）不断提高文化素养，形成良好的家风，与婴幼儿共同学习、共同成长。

2．榜样示范法

榜样示范法是指养育人员为婴幼儿提供观察、学习、模仿的范本，以教育和影响婴幼儿的教育方法。

榜样示范法运用的基本要求主要有以下几点。

（1）做好表率。养育人员的语言和行为对婴幼儿的影响最大。因此，无论做人还是做事，养育人员都应在自身的言行举止符合标准的前提下，再去要求婴幼儿。

（2）选择婴幼儿能够接触到的榜样。养育人员应为婴幼儿选择其在日常生活中能够接触到的人物或角色作为榜样，如英雄人物、优秀的教师和小朋友等，以便其对模仿的对象产生清晰的感受。

（3）让婴幼儿明确学习的内容。榜样通常在多个方面具备示范作用。养育人员应帮助婴幼儿具体分析榜样的行为和品质，引导婴幼儿明确学习的方向，使其以实际行动学习榜样。

育儿小助手

在运用榜样示范法时，养育人员应从正面激励婴幼儿，增强他们的自尊心、自信心和上进心，不能专门挑他人的优点、长处去和婴幼儿的缺点、短处比，更不能借机讽刺、挖苦婴幼儿。

3．启发诱导法

启发诱导法是指养育人员调动婴幼儿的学习兴趣，引导其主动思考的教育方法。这种教育方法尊重婴幼儿学习的主体性，可以培养婴幼儿健全的人格。

启发诱导法运用的基本要求主要有以下几点。

（1）要重视兴趣引导。兴趣是最好的老师，是婴幼儿学习的动力。养育人员应引导并培养婴幼儿的兴趣，避免以自己的愿望代替婴幼儿的兴趣，更要防止揠苗助长。

（2）要注重情境创设。养育人员应利用具体的情境引发婴幼儿的好奇心，如在猜谜游戏中提供线索或提示，鼓励婴幼儿积极思考并主动提出问题。

4. 说服引导法

对婴儿来说，养育人员很难通过语言的引导来教育他们，因此说服引导法主要适用于幼儿。说服引导法是指养育人员通过摆事实、讲道理来启发、引导幼儿辨别是非或改善行为的教育方法，是家庭教育常用的方法。这种教育方法建立在养育人员与幼儿彼此充分信任和尊重的基础之上，易于被幼儿接受。

说服引导法运用的基本要求主要有以下几点。

（1）做到情理交融。养育人员应将情与理有机结合，站在幼儿的立场上考虑问题，用尊重、协商、关心的态度与其沟通，让幼儿感到亲切与关爱，从而引起幼儿的情感共鸣。

（2）做到民主平等。养育人员应以民主、平等的态度，认真倾听幼儿的真实想法，帮助幼儿认识自身的价值。

（3）做到深入浅出。养育人员应结合幼儿的发展水平，详细分析问题，并将抽象的问题具象化，避免向幼儿灌输空洞的大道理。

育儿小助手

养育人员即使认为幼儿的观点或想法是错误的，也要先让幼儿讲完、讲清楚，再详细地向幼儿讲道理，不能一听到与自己不同的意见，就无理压制或盲目训斥幼儿。

5. 奖惩激励法

奖惩激励法是指养育人员根据婴幼儿的行为表现给予其奖励或惩罚的教育方法。这种教育方法可以激励婴幼儿发挥积极性，使其遵循正确的行为准则。

奖惩激励法运用的基本要求主要有以下几点。

（1）正确使用表扬与奖励。表扬和奖励是一种强化良好行为表现的方法，养育人员应肯定婴幼儿的点滴进步，以精神奖励为主、物质奖励为辅，帮助婴幼儿巩固好的行为，从而使其形成良好的行为习惯。

（2）慎用批评与惩罚。由于批评和惩罚是一种负强化，养育人员应谨慎使用，可以用摇头的动作、不高兴的表情、严肃的语气等表示对婴幼儿某种行为的反对，同时结合说服教育法，让婴幼儿知道自己的错误之处并迅速改正。

批评与惩罚的误区

1. 拿婴幼儿出气

养育人员可能会因为婴幼儿的某些错误伤了自己的面子而批评与惩罚婴幼儿，拿婴幼儿出气，这会让婴幼儿感到恐惧和不安。因此，养育人员批评与惩罚婴幼儿时，要保持冷静和理智，客观地对待婴幼儿的错误，并耐心引导婴幼儿改正错误。

2. 不分时间和场合

养育人员可能习惯当着别人的面批评与惩罚婴幼儿，这会伤害婴幼儿的自尊心。因此，养育人员批评与惩罚婴幼儿时，要注意时间和场合，尽量避免在众人面前批评婴幼儿。

3. 不会就事论事

养育人员在批评婴幼儿时可能习惯于"翻旧账"，或将错误的后果严重化、扩大化，把婴幼儿数落得一无是处，这会让婴幼儿产生自卑感。因此，养育人员批评与惩罚婴幼儿时，要坚持就事论事、点到为止，让婴幼儿明白错误并改正即可。

6. 实践锻炼法

实践锻炼法是指养育人员有目的地引导婴幼儿参加各种力所能及的实践活动，使婴幼儿得到锻炼并学会某种技能，或培养其良好的行为习惯和思想品德的教育方法。

一般来说，婴幼儿的学习过程以直接经验为基础，即在生活中学会生活，在交往中学会交往，在行为锻炼中养成习惯。例如，养育人员要想培养婴幼儿的生活自理能力，就要让他们自己穿衣、吃饭、收拾玩具等。

7. 亲子游戏法

亲子游戏法是指家长与婴幼儿一起做游戏的教育方法。这种教育方法不仅可以增进家长与婴幼儿之间的情感，还可以充分调动婴幼儿的主动性和创造性，从而促进婴幼儿的身心发展。例如，家长可以与婴幼儿一起唱着儿歌并模仿小动物的走路方式，这既增进了亲子关系，又锻炼了婴幼儿的身体协调能力。

知识视窗

生活中的亲子游戏

躲猫猫游戏：家长用毛巾把脸蒙上，等婴幼儿把毛巾拉下来后，家长笑着发出"喵"的声音。待婴幼儿熟悉这种游戏方式后，家长可以有意识地做出不同的表情，如伤心、愤怒、无奈等，以训练婴幼儿分辨面部表情的能力。

寻找游戏：家长当着婴幼儿的面将有趣的玩具藏在手绢下面，注意将玩具露出一小部分，然后引导婴幼儿过来寻找玩具，待婴幼儿找到玩具后，家长立即给予其鼓励或奖励。

纸箱游戏：家长在包装箱或纸盒的外面贴上带有各种动物、水果、玩具等图案的图片，教婴幼儿认识图片上的图案，然后问婴幼儿"香蕉在哪里？"，让婴幼儿指出相应的图案。

形状游戏：家长将硬纸盒的四面分别裁出圆形、方形、三角形和菱形的孔洞，让婴幼儿把不同形状的物体放进相应的孔洞中，训练婴幼儿认识形状的能力。

模块二 婴幼儿家庭教育指导

应用场景

某天午饭后，果果妈妈带着果果去公园玩了半天。到了晚饭时间，两人发生了以下对话。

果果妈妈： 果果，天快黑了，我们准备回家吧？

果果： 天还没黑呢，我不要回家！我还要玩！

果果妈妈： 我们得赶紧回家吃饭，你再这样，以后就不带你出来玩了。

果果： 妈妈坏，我就要玩，我不要吃饭！

果果妈妈： 你到底走不走？你不走，我一个人走了！

果果： 我就不走，我讨厌你！

典型任务

一、信息获取

1. 描述果果妈妈的教育方式。

2. 指出果果妈妈与果果沟通时存在的问题。

3. 假如你是指导人员，你会从哪几个方面对果果妈妈进行指导？

二、实践记录

家庭教育指导记录表

姓名: 性别: 年龄:

养育人员:

指导人员:

指导时间:

指导内容：

_____

_____

_____

指导难点：

_____

_____

_____

问题记录：

_____

_____

_____

思考与总结：

_____

_____

_____

_____

新手指导

一、婴幼儿家庭教育指导的概念和意义

（一）婴幼儿家庭教育指导的概念

婴幼儿家庭教育指导是指指导人员（行业专家或托育机构的工作人员等）面向婴幼儿家庭，以解决养育人员面临的婴幼儿教育问题为主要内容，旨在通过多种途径和方法提高养育人员科学育儿能力的系列指导活动。具体来说，婴幼儿家庭教育指导的概念可以从以下几个方面进行理解。

婴幼儿家庭指导师的工作日常

（1）指导对象是养育人员。养育人员包括婴幼儿的父母及其他照护者。婴幼儿家庭教育指导的目标是向养育人员传递科学育儿的理念和方法，提升其科学育儿的能力。

（2）指导人员丰富多样。实施家庭教育指导的指导人员包括早教专家、儿童心理学家、育儿顾问、家庭教育专家、儿童营养师、儿童教育工作者等。这些指导人员积极关注并学习由中华人民共和国教育部、中华人民共和国国家卫生健康委员会等部门发布的关于家庭教育的政策指导文件，进而按照文件的指导精神为养育人员提供科学、个性化的家庭教育指导。

（3）指导是一个互动的过程。一方面，指导人员为养育人员提供个性化的家庭教育指导策略；另一方面，养育人员通过反思发现家庭教育存在的问题，并向指导人员分享家庭教育经验，为指导人员提供宝贵的反馈和素材，从而帮助指导人员进一步完善家庭教育指导策略。

（二）婴幼儿家庭教育指导的意义

1. 有利于养育人员教育水平的提升

养育人员对婴幼儿的启蒙非常重要，然而大多数养育人员并没有经过系统的学习，缺乏专门的家庭教育知识和素养，因此他们在面对婴幼儿成长过程中出现的问题时常常不知所措。而家庭教育指导可以向养育人员传递科学育儿的理念和方法，帮助养育人员更有效地解决问题，从而提升养育人员科学育儿的水平。

2. 有利于婴幼儿的健康发展

家庭教育对婴幼儿成长的影响非常大，质量堪忧的家庭教育会影响婴幼儿的语言、智力、社交等方面的发展，甚至对婴幼儿的身心造成伤害。家庭教育指导不仅可以帮助养育人员及时发现和识别婴幼儿家庭教育中存在的问题，还可以增进养育人员与婴幼儿之间的理解和信任，有助于营造良好的家庭教育环境，从而促进婴幼儿的健康发展。

3. 有利于托育机构教育职能的完善

婴幼儿家庭教育指导对于托育机构教育职能的完善具有显著的促进作用。首先，婴幼儿家庭教育指导有助于将托育机构的教育理念传递给养育人员，促进家庭与托育机构在教育理念上的融合与统一。其次，通过家庭教育指导，托育机构可以及时了解婴幼儿在家庭中的表现和需求，进而调整教育方案，确保教育活动的连贯性和针对性。最后，托育机构可以通过家庭教育指导为每个婴幼儿提供更加全面、个性化的教育支持，从而达到更好的教育效果。

育儿宝典

上海市科学育儿指导公益活动

上海市每年会在全市范围内开展大型科学育儿指导公益活动——"育儿加油站"。"育儿加油站"在上海市教育委员会的指导下，坚持以指导家长为核心，通过活动的影响力，加强家庭科学育儿指导队伍的建设，同时聚焦当前家长关注的热点议题，汇聚学前教育、心理、医学等方面的专家资源，通过线上、线下的指导，帮助家长掌握会照料、会抚爱、会陪玩、会倾听、会沟通、会放手、会等待等技能，从而提升家长科学育儿的意识与水平。

例如，上海市科学育儿指导公益活动普陀区专场邀请了华东师范大学的多位专家学者和普陀区 12 个幼儿园的 24 位教师莅临现场，让他们为家长提供面对面咨询，解答家长关于"入园入学"的种种疑问。除此之外，专家还推荐了"探索游戏""绘本天地""快乐足球"等十余种游戏指导活动，指导家长做"会陪玩"的合格家长，使其将实用、高质量的亲子互动方法应用到家庭教育中。

二、婴幼儿家庭教育指导的原则和内容

（一）婴幼儿家庭教育指导的原则

1. 科学性原则

指导人员应遵循家庭教育的客观规律和婴幼儿身心发展的规律，帮助养育人员建立完整的家庭教育体系，提高其家庭教育水平，并为养育人员提供切实可行的家庭教育方案，落实家庭教育指导工作。

2. 针对性原则

指导人员应提供有针对性的家庭教育指导方案。一方面，指导人员要针对婴幼儿出现的问题，适应婴幼儿的发展节奏，以促进婴幼儿的发展为出发点和落脚点来开展家庭教育指导，并给予养育人员及时、有效的指导；另一方面，指导人员应在了解养育人员需求的基础上，有针对性地为养育人员提供适合婴幼儿家庭实际状况的指导方案。

此外，指导人员不仅要服务于普通婴幼儿家庭，还应关注特殊婴幼儿和特殊家庭（如智力障碍与精神障碍婴幼儿家庭、单亲家庭等），并提供个性化的指导。

3. 养育人员主体原则

在家庭教育指导的过程中，养育人员始终处于主体地位。因此，指导人员应充分了解养育人员的实际情况与需求，理解养育人员的想法，尊重养育人员的意愿，提供有针对性

的指导。同时，指导人员应耐心听取养育人员的想法，虚心征求养育人员对指导工作的意见和建议，以多样、生动的指导形式，吸引养育人员积极参与家庭教育指导活动，从而更好地发挥养育人员的主体作用。

4. 共同成长原则

婴幼儿在不同的发展阶段有着不同的身心发展特点和需求。一方面，养育人员应随着婴幼儿的成长不断更新、补充自己的知识与技能；另一方面，指导人员应多了解婴幼儿和养育人员，倾听他们的心声，同时注重提升自身的水平，与婴幼儿和养育人员共同成长。

5. 连续发展原则

婴幼儿家庭教育指导是一项连续性工作，不可能一蹴而就。指导人员应持续关注养育人员实施家庭教育的过程，用发展的眼光看待养育人员的教育能力，用积极的心态给予养育人员持续的鼓励和支持。

（二）婴幼儿家庭教育指导的内容

1. 指导养育人员掌握必要的育儿知识

育儿知识是指有关婴幼儿身心发展的知识和相关的家庭教育理论，是养育人员实施科学育儿的基础。因此，指导人员应指导养育人员掌握必要的育儿知识，使其全面了解不同年龄阶段婴幼儿的身心发展规律与水平，以及影响婴幼儿身心发展的各种因素。

2. 指导养育人员树立科学的育儿理念

育儿理念是指养育人员对婴幼儿发展和各项育儿活动所持有的观点或看法，对养育人员的育儿行为有着深刻的影响。因此，指导人员应指导养育人员树立科学的育儿理念，使养育人员更好地认识育儿这件事，以更好地陪伴婴幼儿健康成长。

3. 指导养育人员掌握正确的教育方法

教育方法是指教育思想的策略性途径，包括表扬与批评、言教、身教等。养育人员虽然能从书籍、社交媒体上学习育儿知识，但是遇到较为复杂的现实问题就容易束手无策，甚至使用错误的教育方法。因此，指导人员在与婴幼儿或养育人员接触的过程中，应及时发现家庭教育中存在的不合理行为和问题并提出建议，协助养育人员解决问题。

育儿小助手

由于每个婴幼儿的家庭背景、家庭环境及家庭成员的性格千差万别，其家庭教育中存在的不合理行为和问题也不尽相同，需要具体问题具体分析。

三、婴幼儿家庭教育指导的方式与途径

指导人员应选择合适的方式与途径，有目的、有计划地指导养育人员，从而对婴幼儿家庭教育产生积极影响。常用的婴幼儿家庭教育指导的方式有集体指导、个别指导、线上指导等。

（一）集体指导

集体指导是指指导人员根据不同养育人员的共同问题或实际需要，特别是一些重要的教育理念，有组织地对养育人员进行指点和引导的方式。指导人员一般可以通过以下几个途径来对养育人员进行集体指导。

1. 亲子活动

亲子活动是指指导人员根据婴幼儿身心发展的特点，组织婴幼儿和家长共同参与、以亲子游戏为基本组织形式的活动。一般来说，指导人员在开展亲子活动时应注意以下几点。

（1）在活动开始前，要向家长介绍此次活动的目标和内容，让家长清楚活动对婴幼儿发展的价值，并进行示范操作。

（2）在活动过程中，要强调亲子活动的注意事项，并观察家长和婴幼儿互动的情况。如果发现问题，就应及时给予家长相应的建议，指导其与婴幼儿展开积极的互动。

（3）在活动结束后，要对婴幼儿的发展情况和家长的教育水平进行评价，为家长提供改进的方法，帮助家长在日常教育中反复实践。

由于亲子活动兼具趣味性和教育性的特点，家长能够在轻松愉悦的氛围中潜移默化地接受科学的育儿理念，丰富育儿知识，走出育儿误区，提高科学育儿的能力。此外，不同的家庭之间也可以通过亲子活动进行互动并互相学习。

2. 家长开放日活动

家长开放日活动是指指导人员定期或不定期邀请家长进入托育机构参观保育工作的活动。为了提高家长开放日活动的实际效果，避免家长走马观花，指导人员在开展家长开放日活动时应注意以下几点。

（1）在活动开始前，要做好周密的实施方案和计划，并提前告知家长活动的目的和内容。

（2）在活动过程中，要设计合理的互动环节，帮助家长更好地与婴幼儿进行良好的互动。

（3）在活动结束后，要组织家长交流讨论，为家长答疑解惑，帮助家长反思家庭教育中有待改进或完善的地方，并提供专业、有效的指导。

此外，通过家长开放日活动，指导人员可以了解家长对家庭教育指导工作的意见和建议，从而更好地实现沟通与合作。

育儿小助手

在家长开放日活动的过程中，指导人员可以为家长提供观察记录表格，以便家长观察、记录婴幼儿的行为表现，并引导家长思考婴幼儿行为表现背后的原因，从而增进家长对婴幼儿的了解。

育儿宝典

家长开放日活动让我更了解孩子

有位妈妈说："孩子所在的托育机构要举办家长开放日活动。尽管工作很忙，我还是向单位请了假去参加。虽然平时通过与老师的交流，我对孩子的基本情况有一定的了解，但还是特别希望亲眼看到孩子在班级中最真实、具体的表现。通过家长开放日活动，我看到孩子在托育机构过得充实、快乐、有序。不过，我也发现孩子的独立生活能力远不如班里的其他小朋友，看来是自己平时对孩子的事情包办了太多，我以后应该放手让孩子学习自己做力所能及的事了。家长开放日活动真的让我受益良多。"

3．主题活动

主题活动是指指导人员围绕一个主题，根据预设的活动方案引导养育人员和婴幼儿共同参与的活动。常见的主题活动有节日主题活动、生日主题活动、户外主题活动、创意游戏主题活动、生活体验主题活动等。一般来说，指导人员在开展主题活动时应注意以下几点。

（1）在活动开始前，要向养育人员说明此次活动的主题、内容和价值。

（2）在活动过程中，要利用广播、视频或随机指导的形式予以引导。

（3）在活动结束后，要引导养育人员与婴幼儿分享收获与感触，并指导养育人员将收获应用到家庭教育中。例如，在某次生日主题活动结束后，指导人员建议养育人员与婴幼儿一起通过绘画的方式回忆生日活动的场景或策划一场生日活动。

与亲子活动相比，主题活动更强调参与者的自主性，并且可以为参与者提供更充分的互动空间，能够更好地激发参与者的创造性。

4．家长课堂

1）专题讲座

专题讲座一般采取讲授、提问相结合的形式，能在短时间内为尽可能多的家长普及系统的家庭教育知识。指导人员通常会根据家长的需求，围绕相关的主题，邀请一些家庭教育、学前教育、儿童心理学等方面的专家或一线的资深教师，通过讲座的形式集中传递家庭教育的理论知识和实践经验。

2）家长沙龙

家长沙龙通常围绕婴幼儿家庭中常见或具有争议性的某个问题展开讨论，如"孩子不爱吃饭怎么办？""孩子不会表达便意怎么办？"等。家长沙龙为家长提供了交流互动的平台，不仅可以充分调动家长的积极性，而且有利于家长之间总结经验、相互学习。

育儿小助手

"沙龙"是法语 Salon 的音译词，意为客厅，也指以客厅为场所的一种聚会形式。

家长沙龙的主持人应具有深厚的育儿理论知识与实践经验，能够在家长畅所欲言之后进行一个画龙点睛或提纲挈领的小结，帮助家长梳理讨论的要点，并与家长分享经验、交流看法。

育儿宝典

家长沙龙剪影

老师："今天我们的沙龙议题是'托幼衔接'，相信这是大家都很感兴趣且想了解的，大家可以提出自己的困惑、疑问，也可以分享相关的育儿经验。"

家长 A："我们家孩子是八月份出生的，到了班级里就是最小的，我担心他不能很好地学习知识。"

家长 B："你们家孩子虽然年龄小，但是看起来还是比较活泼的。我们家孩子性格内向，我怕他到了班级里会不合群。不过我们对他吃饭、睡觉比较放心，他从 2 岁开始就一直是自己吃饭，睡觉也一直比较规律，容易入睡。"

家长 C："刚刚家长 A 说孩子年龄小，刚开始可能会出现一些问题，不过问题不大。我自己就是托育机构的老师，教育以快乐适应为主，对于年龄小的孩子，老师一般也会理解的，别太担心。"

家长 D："我想问一下，咱们这边的托育机构一般是怎样的作息安排啊？都开展些什么活动？这样我们在暑假就可以提前准备起来。"

在家长们畅所欲言后，老师对疑问进行解答，并总结了整场活动的要点。

3）家长会

家长会一般以婴幼儿发展为主要议题，通过亲师交往、家长互动的形式，提高家长的教育素质，改善家长的教育行为。

传统模式的家长会往往是教师的一言堂，缺乏吸引力，容易使家长出现听觉疲劳。为了避免这样的情况，教师应营造温馨、活跃的氛围，采取灵活多变的形式，调动家长的参与热情，并于家长会结束后通过问卷的形式了解家长对会议的意见和建议，如"此次家长会让您印象最深刻的是什么？""您对此次家长会有哪些想法和建议？"等，这些反馈有利于教师进一步提高家庭教育指导工作的质量。

知识视窗

常见的家长会类型

常见的家长会类型有介绍型家长会、讲座型家长会、综合型家长会等。

1．介绍型家长会

通过介绍型家长会，托育机构可以向家长介绍机构情况，包括师资情况、教育理念、课程设置、作息制度、教室设施，以及机构对家长的基本要求等，有助于展开家庭教育指导。

2．讲座型家长会

通过讲座型家长会，托育机构可以向家长宣传教育知识，提高家长的教育水平。例如，托育机构邀请经验丰富的专家向家长讲解有关婴幼儿入托适应的内容。

3．综合型家长会

综合型家长会融合了介绍型家长会、讲座型家长会和家长开放日活动的特点。通过综合型家长会，托育机构可以向家长介绍机构近期的工作及机构活动的开展情况，或者请家长观看活动的照片、视频等，还可以请家长参加节日活动并观看婴幼儿的表演等。此外，通过综合型家长会，托育机构会鼓励家长发言，征求家长的意见和建议，并和家长交流意见。

托育机构可以根据需要选择不同类型的家长会，也可以发挥多种类型家长会的优势，以取得相得益彰的效果。

（二）个别指导

个别指导是指指导人员与个别养育人员围绕婴幼儿成长的问题进行一对一指导的方式。指导人员一般可以通过以下几个途径来对养育人员进行个别指导。

1．随机交谈

随机交谈是指指导人员利用养育人员接送婴幼儿的时间，随机与养育人员就婴幼儿的发展情况进行面对面交流的过程。随机交谈具有简便、直接、及时的特点，有利于增进指导人员与养育人员之间的了解和信任，但这种交流的时间通常不会太长，交换的意见也不会太深入。

育儿宝典

不爱说话的瑞瑞

瑞瑞快 3 岁了，经常由瑞瑞奶奶带着到托育机构上课。每次老师上课提问时，瑞瑞从来不主动举手回答问题。但是，瑞瑞有时又会在课堂上捣乱，吸引老师的注意。

针对瑞瑞的情况，老师在放学时与瑞瑞奶奶进行了简单的交流。瑞瑞奶奶知道瑞瑞的表现后，当着瑞瑞的面说"这小孩真没用。"在后续的交流中，老师了解到瑞瑞每周的周一到周五都是和奶奶在一起，只有周六和周日会和在外地打工的父母见面。老师联系瑞瑞平时的表现，建议瑞瑞奶奶不要当着瑞瑞的面说"你真没用"这种话，同时建议瑞瑞父母多陪陪瑞瑞，给瑞瑞更充分的关注和陪伴。

2. 电话沟通

电话沟通是指指导人员以打电话的方式与养育人员沟通婴幼儿的发展情况的过程。在现代社会生活节奏加快的情况下，养育人员很难参与到托育机构的各种活动中，因此指导人员可以利用打电话等方式与养育人员沟通，使沟通不再受时间与空间的限制。例如，有些托育机构开通了家庭教育热线，为养育人员提供了解决困惑的有效途径。

3. 入户指导

入户指导是指指导人员走进婴幼儿家庭，向养育人员介绍婴幼儿身心发展特点和规律的基本知识，并与养育人员进行深入交流的过程。指导人员通过入户指导，将最新的且最有效的家庭教育理念、科学的教育方法等有针对性地传递给养育人员，并且为养育人员现场示范具体的教育方法，更易于养育人员理解与掌握。

（三）线上指导

线上指导是指指导人员通过微信公众号、网站、短信等线上渠道，为养育人员提供视频、文字、语音等不同类型的育儿资料，以传播早期教育的相关知识和指导策略的方式。例如，随着互联网的普及，政府、社区、托育机构等创建的"上海科学育儿指导""成长树"等微信公众号受到养育人员的热捧，《超级育儿师》《超级保姆》等育儿真人秀节目的播出也为很多养育人员提供了教育启发。

线上指导传播速度快，互动形式新颖，是应用广、影响面大、受众人数多的一种指导方式。

学以致用

综合测试

一 不定项选择题

1. 婴幼儿家庭教育的意义主要体现在（　　）。

A．为婴幼儿发展奠定良好的基础

B．有利于托育机构教育职能的完善

C．为国家发展奠定人才基础

D．有利于发现特殊婴幼儿并实施早期干预

2. 婴幼儿家庭教育的原则不包括（　　）。

A．科学性原则　　　　　　　　B．养育人员主体原则

C．适度性原则　　　　　　　　D．言传身教原则

3. 养育人员运用说服教育法时，要做到（　　）。

A．情理交融　　　　　　　　　B．民主平等

C．深入浅出　　　　　　　　　D．以势压人

4. 下列关于婴幼儿家庭教育指导概念的理解，正确的有（　　）。

A．指导对象是婴幼儿

B．指导人员丰富多样

C．指导是一个互动的过程

D．指导对象是养育人员

5. （　　）是指指导人员根据婴幼儿的心理和生理的发展特点，组织婴幼儿和家长共同参与的、以亲子游戏为基本组织形式的活动。

A．亲子活动　　　　　　　　　B．主题活动

C．家长开放日活动　　　　　　D．家长课堂

二 判断题

1. 在语言能力形成之前，婴幼儿的认知能力主要是以动作来表现的。（　　）

2. 在运用榜样示范法时，养育人员可以挑他人的优点、长处去和婴幼儿的缺点、短处比，以激励婴幼儿快速成长。（　　）

3. 环境熏陶法是指养育人员有意识地为婴幼儿创设一个健康积极、和谐融洽的家庭

氛围，以潜移默化地影响婴幼儿的教育方法。 （ ）

4．个别指导偏重对普遍存在的问题的指导，特别是一些重要的教育理念。 （ ）

5．婴幼儿家庭教育指导是一项连续性工作，不可能一蹴而就。 （ ）

三 简答题

1．简述婴幼儿家庭教育的内容。

2．简述婴幼儿家庭教育的方法。

3．简述婴幼儿家庭教育指导的意义。

4．简述婴幼儿家庭教育指导的原则。

5．简述婴幼儿家庭教育指导的方式与途径。

四 实践题

全班学生以小组为单位，按照以下步骤完成本次"调研不同婴幼儿家庭教育情况"的实践任务。

〔实践分组〕

全班学生以 4～6 人为一组进行分组，各组选出组长并进行任务分工，将小组成员及分工情况填入表 1-1 中。

表 1-1　小组成员及分工情况

班级		组号		指导教师	
小组成员	姓名	学号		任务分工	
组长					
组员					

〔实践步骤〕

（1）选择学校附近的社区，调查不同婴幼儿家庭的基本情况，如家庭结构、家庭成员的受教育程度、家庭收入水平等。

（2）根据调查的基本情况，选择 3～5 个婴幼儿家庭，并调查养育人员设定的家庭教育目标、确定的家庭教育内容、实施的家庭教育方式等。

（3）整理调查资料，分析、总结所选婴幼儿家庭的家庭教育情况，并将相关信息记录在表 1-2 中。

表 1-2　婴幼儿家庭教育情况

婴幼儿家庭	家庭教育目标	家庭教育内容	家庭教育方式	家庭教育情况

〔实践成果〕

各组组长以 PPT 的形式在班级内展示本组的调研结果，并进行相应的解说。

学习评价

教师可以从基本知识、实践技能、综合素质、活动成果等方面对学生进行评价，请各位学生配合指导教师共同完成学习评价表（见表1-3）。

表1-3　学习评价表

班级		姓名			学号	
组号		指导教师			日期	
评价维度	评价标准			分值	评分	
					自评	师评
基本知识（20分）	了解婴幼儿家庭教育的概念和意义，熟悉婴幼儿家庭教育的内容、原则和方法			10		
	了解婴幼儿家庭教育指导的概念和意义，掌握婴幼儿家庭教育指导的原则、内容、方式与途径			10		
实践技能（30分）	能够灵活运用婴幼儿家庭教育的方法			15		
	能够采用合适的指导方式对养育人员进行家庭教育指导			15		
综合素质（20分）	具有较强的分析能力			6		
	能够透过现象看本质，培养理性思维			8		
	具备严谨、求实的学习态度			6		
活动成果（30分）	调研分工明确、调研信息丰富			6		
	正确分析婴幼儿家庭教育情况，并找出其中存在的问题			10		
	PPT制作精美、图文并茂			7		
	解说富有条理			7		
合计				100		
总评	自评（30%）+师评（70%）=					
教师评语				教师（签名）：		

第二讲

0～12月龄婴儿家庭教育指导与咨询

学习目标

知识目标
- 熟悉0～12月龄婴儿的发展特点。
- 掌握0～12月龄婴儿家庭教育指导策略。

技能目标
- 能够结合0～12月龄婴儿的发展特点，有效运用婴儿家庭教育指导策略。
- 能够通过咨询发现0～12月龄婴儿家庭教育存在的问题，并给予合适的指导。

素养目标
- 尊重婴儿的个性化发展。
- 培养善于观察的能力，提高随机应变能力。
- 学以致用，提升解决问题的能力。

模块一 0～6月龄婴儿家庭教育指导

应用场景

某天，小菲父母在小菲的教育方式上出现了分歧，发生了以下对话。

小菲妈妈

小菲已经2月龄了，我买了一些训练婴儿听觉能力和视觉能力的玩具，我们可以开始对她进行早期教育和能力训练了。

小菲爸爸

我认为小菲还是太小了，她健康和开心才是最重要的，我们最好不要过早地对她进行早期教育和能力训练。

小菲妈妈

但是我看了很多育儿知识，并向几位育儿专家咨询了3月龄以内婴儿的教育方式。由于3月龄以内的婴儿已经开始主动感知外界信息，多对婴儿进行听觉能力训练有利于提高他们的发音水平和认知能力，多对婴儿进行视觉能力训练有利于促进他们的大脑发育。

小菲爸爸

专家的建议一定是正确的吗？我认为过早对小菲进行训练可能会扼杀她的天性，不利于她的健康成长。

典型任务

一、信息获取

1. 描述小菲父母各自的观点，说说你赞同的观点。

2. 指出小菲父母在小菲的教育方式上出现分歧的原因。

3. 假如你是指导人员，你会从哪几个方面对小菲父母进行指导？

二、实践记录

家庭教育指导记录表

姓名：　　　　　　　性别：　　　　　　年龄：

养育人员：

指导人员：

指导时间：

指导内容：

指导难点:

问题记录:

思考与总结:

新手指导

一、0~6月龄婴儿的发展特点

(一)身高与体重发展

身高与体重是衡量婴儿生长发育与营养状况的重要指标。

正常足月新生儿的平均身高约为50厘米。出生后的前6个月,婴儿的身高平均每月增长3厘米。以新生儿出生时身高50厘米为例,6月龄婴儿的身高可增长到68厘米。

正常足月新生儿的体重通常为2.5~4千克。出生后的前6个月,婴儿的体重平均每月增加0.6千克。以新生儿出生时体重3千克为例,6月龄婴儿的体重可增加到6.6千克,是出生时体重的2.2倍。

(二)动作发展

1. 粗大动作发展

0~6月龄婴儿的粗大动作发展是一个循序渐进的过程,主要包括抬头、坐、翻身等动作的发展。

1月龄婴儿俯卧时头部能翘动。2月龄婴儿俯卧时能短暂地抬头2秒或以上。3月龄婴儿俯卧时能较为稳定地抬头，他们可以用前臂做支撑，头部抬高的角度为 45° 且持续 5 秒或以上，如图 2-1 所示。

图 2-1　婴儿俯卧抬头 45°

4 月龄婴儿俯卧时能抬头 90°。5 月龄婴儿能用双臂支撑自己的身体或靠着物体坐。6 月龄婴儿能独自坐在床上，头身向前倾且持续 5 秒或以上，如图 2-2 所示。另外，6 月龄婴儿已经掌握翻身的技能，能从仰卧位翻身到俯卧位。

图 2-2　婴儿前倾身体坐着

育儿小助手

婴儿能够坐起来是很重要的，这表示其骨骼、神经系统、肌肉协调能力等发育渐渐趋于成熟，视线范围也更加开阔。

2. 精细动作发展

0～6月龄婴儿的精细动作发展主要是双手动作的发展，经历了一个从本能的抓握反射到有意识的主动抓握、从不灵活到逐渐灵活的过程。

1月龄婴儿受抓握反射的影响，手掌被触碰时会紧握拳头，如图2-3所示。2～3月龄婴儿不仅可以用手抓握物品，而且抓握物品的时间可由最初的2秒持续到30秒。

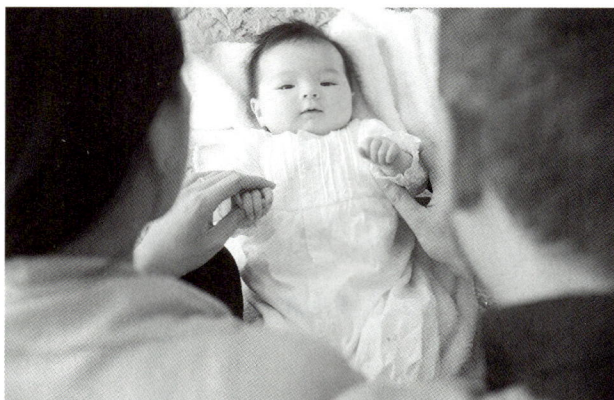

图 2-3 婴儿的抓握反射

4～6月龄婴儿开始出现有意识的抓握动作，他们不仅能主动地用手去抓物品，还喜欢将手里的物品摇动数下，或将其放进嘴里啃咬，如图2-4所示。另外，这一时期的婴儿开始较为灵活地运用手指，他们能通过双手的配合来翻转物品、扶奶瓶吸吮等。

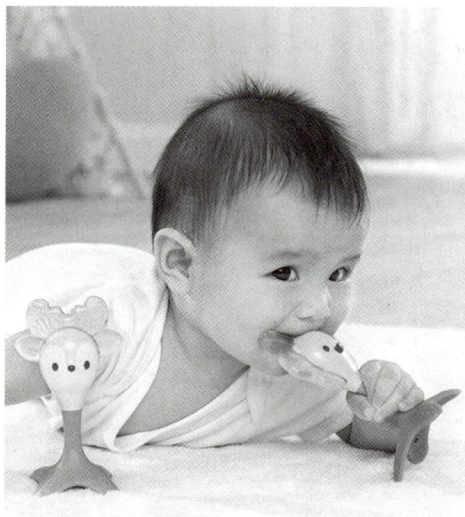

图 2-4 婴儿啃咬物品

知识视窗

婴儿的无条件反射

婴儿的无条件反射包括吸吮反射、觅食反射、抓握反射、莫罗反射、游泳反射、巴宾斯基反射等。这些无条件反射是婴儿与生俱来的行为，有助于其更好地适应外界环境。

（1）吸吮反射是指当成人用手指或其他物品触碰婴儿的嘴唇时，婴儿会立即做出吸吮的动作。吸吮反射通常会在婴儿3～4月龄之后消失。

（2）觅食反射是指当成人用手指或其他物品触碰婴儿的一侧脸颊时，婴儿会立即把头转向被触碰的一侧，并做出吸吮的动作。

（3）抓握反射是指当成人用手指或其他物品触碰婴儿的手掌时，婴儿会立即握紧手指的动作。如果成人试图将手指或物品收回，婴儿会抓得更紧。

（4）莫罗反射，又称"惊跳反射"，是指婴儿突然受到惊吓或外界刺激时，会做出头向后仰，四肢向外伸直，手指张开，继而双臂收拢呈抱物状的动作。惊跳反射一般在婴儿3月龄内最为明显，多在婴儿3～5月龄时消失。

（5）游泳反射是指当婴儿俯卧在床上，成人托住其肚子时，婴儿会抬头、伸腿，做出游泳的动作。如果让婴儿俯卧在水里，他们同样会本能地抬起头，并做出游泳的动作。

（6）巴宾斯基反射是指当成人用物品的钝端沿婴儿的足底外侧缘，从脚后跟向前轻划时，婴儿会做出拇趾上翘、其余四趾呈扇形分开的动作。

（三）认知发展

1. 感知觉发展

1）视觉发展

视觉是指个体通过眼睛感受和辨别外界事物的明暗、形状、颜色等特性的感觉。一般来说，新生儿的视网膜尚未发育成熟，他们虽然具备一定的视觉能力，但只能看清距离眼睛15～20厘米的物体的大概轮廓。

0～3月龄婴儿对光和物体有了集中的视觉反应（即注视），但注视的时间较短，注视的距离也很近，同时，其视线能随着所注视物体的水平移动而移动（即追视）。5～6月龄婴儿能进行全方位的追视。另外，新生儿已经具备颜色视觉，但其辨色力很弱，只能分辨灰色、黑色和白色。3月龄婴儿开始能分辨彩色，且偏爱暖色（如橙色、黄色），特别喜欢红色。4月龄婴儿的辨色力已接近成人，能分辨多种颜色及不同颜色的深浅度，比较喜欢鲜艳明亮的颜色。

2）听觉发展

听觉是指个体通过耳朵感知和辨别声音特性（如音调、音量、音色等）的感觉。0～3月龄婴儿听到声音时会有微笑、发声、手脚乱动等反应。4～6月龄婴儿对声音有初步的辨识能力，能较为正确地找到声源。例如，养育人员将婴儿抱在怀里，在其耳后上方15厘米处轻摇摇铃，婴儿能转头找到声源。此外，6月龄婴儿听到熟悉事物的名称后会注视该事物。例如，当养育人员说"宝宝的手在哪里"时，婴儿会看向自己的手。

3）触觉发展

触觉是指个体通过皮肤感受外界刺激（如触摸压力、温度等）的感觉。0～3月龄婴儿主要以口腔触觉来满足生理需要及情感需要。例如，婴儿哭闹时，吸吮奶嘴可安抚其情绪，如图2-5所示。4～6月龄婴儿逐渐开始通过手的触觉来感知物品的不同特征（如硬、软、粗糙等），但是，这一时期，婴儿手的触觉敏感度远不如口腔触觉。

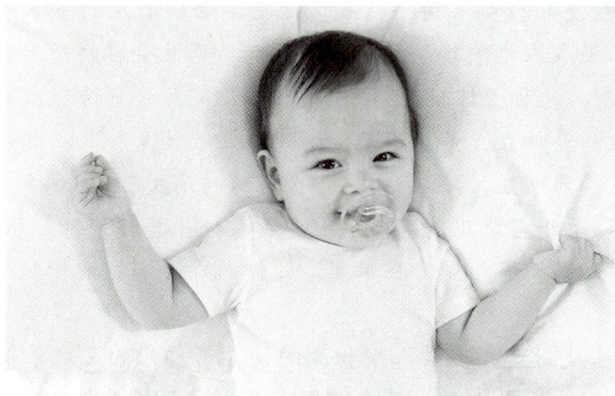

图2-5 婴儿吸吮奶嘴后微笑

4）味觉发展

味觉是指个体通过舌头辨别食物味道的感觉。胎儿3个月时，味觉系统开始发育，出生前味觉系统已经发育成熟，出生时已经具备完整的味觉能力。因此，新生儿能分辨酸、甜、咸、苦等味道，并表现出对甜味的明显偏爱，如尝到带甜味的水时会停止哭闹。

5）嗅觉发展

嗅觉是指个体通过鼻子辨别气味的感觉。胎儿8个月时已经有初步的嗅觉反应，出生时已经具备完整的嗅觉能力。因此，新生儿能对不同的气味做出不同的反应，如闻到刺激性强或不喜欢的气味时会把头转向另一侧。

6）形状知觉发展

形状知觉是指个体认识外界物体的轮廓和细节的知觉。0～3月龄婴儿基本无法分辨物体的形状，但能对人的面孔进行整体感知。4～6月龄婴儿能注意到物体的轮廓，并且开始对不同形状的物体产生兴趣。

7）深度知觉发展

深度知觉又称"距离知觉"，是指个体认识外界物体的距离和深度的知觉。在早期，深度知觉受婴儿自身经验的影响较大，特别是爬行经验，会爬的婴儿的深度知觉能力通常明显高于不会爬的婴儿。"视觉逼近实验"和"视觉悬崖实验"表明，6月龄婴儿已经具有深度知觉。

育儿小助手

在3岁之前，婴幼儿的深度知觉并不准确，因为他们尚未掌握测量距离的尺度，只能靠直觉感受较近的距离。随着年龄的增长及自身经验的丰富，婴幼儿将逐渐获得更加精确的深度知觉。

知识视窗

视觉逼近实验和视觉悬崖实验

1. 视觉逼近实验

在视觉逼近实验中，研究者向婴儿展示一个以一定速度向其逐渐逼近的物体或物体影像，观察婴儿是否有闭眼、后仰、抬胳膊阻挡等防御性的反应，以评估婴儿的深度知觉。

实验发现，新生儿对逼近物已有初步反应，2～3月龄婴儿对逼近物有保护性的闭眼反应，4～6月龄婴儿对逼近物有躲避反应。这些实验结果说明婴儿有一定的深度知觉。

2. 视觉悬崖实验

为了评估婴儿深度知觉的发展状况，研究者设计了一种深度知觉测量装置——视觉悬崖装置（见图2-6）。视觉悬崖装置是一张特制的1.2米高的桌子，四周有护栏，桌面是一块透明的厚玻璃。桌子中间是一个0.3米宽的木制隔板，隔板一侧的桌面上铺有一层红白相间的棋盘布，视为"浅滩"；另一侧的桌面下方（即桌子下的地板上）铺有同样的棋盘布，视为"深渊"。

在视觉悬崖实验中，研究者将婴儿放在木制隔板上，先让妈妈站在"浅滩"边呼唤婴儿，再让妈妈站在"深渊"边呼唤婴儿，分别观察婴儿是否能爬到妈妈身边。

实验发现，6月龄婴儿已经具有深度知觉。当妈妈站在"浅滩"边呼唤时，婴儿很快就会爬到妈妈身边；当妈妈站在"深渊"边呼唤时，大多数婴儿会对这种视觉上的深度感到害怕，不敢爬到妈妈身边，他们或者在隔板上一动不动，或者向"浅滩"方向爬，或者因害怕而大哭。

图 2-6　视觉悬崖装置

2．记忆发展

记忆是指大脑对客观事物的信息进行编码、储存和提取的过程。4 月龄婴儿开始有了长时记忆（信息经过充分加工后，在大脑中长期保留的记忆），能记住反复出现的或熟悉的人、事物和场景。随着月龄的增长，婴儿的长时记忆能力不断加强，到 6 月龄时，婴儿开始记忆生活中的常见形象，如人脸特征、物品特征等。

3．注意发展

注意是指个体的心理活动或意识指向和集中于一定对象的心理过程。0～6 月龄婴儿的注意以无意注意为主，且注意持续的时间很短。一般来说，奶瓶、妈妈的脸、颜色鲜艳的物品、移动的物品、简单明了的图形等会引起他们的注意。

知识视窗

注意的分类

根据有无预定目的和意志努力程度的不同，注意可分为无意注意、有意注意、有意后注意。

（1）无意注意。无意注意是指无预定目的、不需要意志努力的注意。它是一种被动的、无法控制的行为，常常由外界的刺激引起。

（2）有意注意。有意注意是指有预定目的、需要一定意志努力的注意。它是一种主动的、可控制的行为，通常需要有意识地调节和分配注意力。

（3）有意后注意。有意后注意是指有预定目的、不需要意志努力的注意。它是注意的一种特殊形式，是在有意注意的基础上发展起来的，是一种高级的注意。

（四）语言发展

0～3 月龄婴儿的语言发展水平处于单音节发音阶段。2 月龄婴儿能发出 a、o、e 等元音，3 月龄婴儿在他人的逗引下能发出"咯咯咯"的笑声。此外，0～3 月龄婴儿已经具备初步的辨音能力，他们能根据音调、音量和音色来辨别养育人员的声音和陌生人的声音，并且尤其喜欢听妈妈的声音。

4～6 月龄婴儿的语言发展水平处于连续音节阶段，即婴儿在发声时会连续重复同一音节。这一时期，婴儿开始咿呀学语，能发出 d、n、m 等辅音，高兴时能发出愉悦的声音，听到自己的名字时会转头寻找呼唤自己的人。

（五）情绪情感与社会性发展

0～3 月龄婴儿的情绪情感主要受生理和环境因素的影响，他们会通过哭、笑、肢体动作等来表达情绪情感。例如，婴儿会用哭来表达饥饿、寒冷、疼痛、困乏等生理上的不适，并伴有闭眼、蹬腿等动作。此外，0～3 月龄婴儿开始出现无选择的社会性微笑（见图 2-7），即看到任何人的面孔或听到任何人的声音时都会露出笑容。社会性微笑是婴儿智力发展的重要标志，也是婴儿情感社会化的开端。

图 2-7 婴儿无选择的社会性微笑

4～6 月龄婴儿的情绪情感开始与社会性需要相联系，他们会对不同的人展现出不同的笑容，开始出现有差别、有选择性的社会性微笑，即对熟悉的人笑得更多，对陌生人则会表现出一种警惕性的注意。例如，婴儿看到妈妈、听到妈妈的声音后会变得高兴起来并对妈妈微笑，如图 2-8 所示。此外，这一阶段的婴儿喜欢与熟悉的人亲密接触，养育人员的抚摸、亲吻和拥抱能使婴儿感到愉悦。

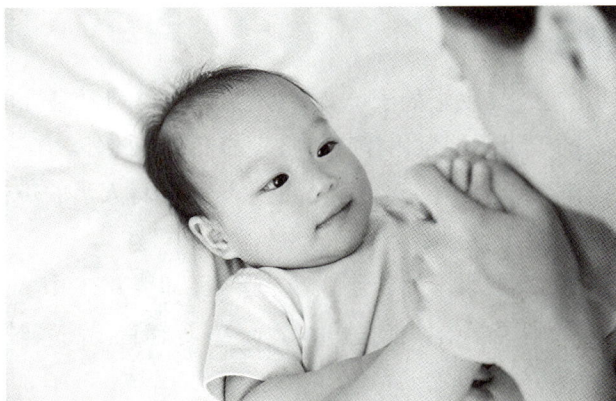

图 2-8　婴儿对妈妈微笑

知识视窗

婴儿哭泣背后的原因

1. 我饿了！

当婴儿饥饿时，其哭声通常不急不缓、很有节奏，同时其嘴巴会做出吸吮的动作，头部可能会左右转动。直到被妈妈抱起来喂奶，婴儿才会停止哭泣。

2. 快给我换尿布吧！

当婴儿需要换尿布时，其通常会轻声哭，但不会流泪，同时伴有双眉紧锁、身体扭动、蹬腿、踢脚等动作。

3. 请抱抱我！

当婴儿需要安抚时，其哭声通常断断续续，同时可能伴有四肢伸展、手掌张开、膝盖拱起等动作，即使是在饱食、睡眠充足的状态下，其也会持续哭泣。

4. 好痛！

当婴儿感到疼痛时，其通常会尖声大哭。在这种情况下，养育人员应马上检查婴儿的身体状态。

5. 我不舒服！

当婴儿因患病而感到不舒服时，其可能会长时间啼哭。例如，1～3月龄婴儿常发生肠痉挛，通常表现为持续、难以安抚地哭闹，同时伴有面部潮红、腹部鼓胀等现象。在这种情况下，养育人员应暖手后轻轻抚触婴儿的腹部，以缓解婴儿的不适，并及时带婴儿就医。

二、0～6月龄婴儿家庭教育指导策略

（一）选择科学的喂养方式

0～6月龄婴儿的身体和大脑都在快速地生长发育，器官和神经系统也在不断发育。因此，养育人员应选择科学的喂养方式，以保证婴儿的营养充足。

1. 纯母乳喂养

纯母乳喂养是指完全依靠母乳喂养，不添加其他任何食物的喂养方式。母乳既能为婴儿提供优质、全面、充足的营养素，满足其生长发育的需要，又能适应其尚未发育成熟的消化系统，促进其器官发育和功能成熟，对婴儿的健康成长有着不可替代的作用。因此，对于0～6月龄婴儿，纯母乳喂养是最佳的喂养方式。

🍼 育儿小助手

婴儿出生后的前2周是建立母乳喂养方式的关键时期，因此妈妈应尽早和婴儿进行皮肤接触，让婴儿反复吸吮乳头，促进乳汁的分泌。婴儿出生后的第一口食物应是母乳，而不是水、糖水等。婴儿出生后3天内，在其体重下降不超过7%的情况下，妈妈应积极开奶，坚持等待乳汁分泌。

1）哺乳前准备

母婴双方心情愉悦是成功实施母乳喂养的重要条件。实施母乳喂养前，妈妈应先给婴儿换尿布并洗净自己的双手，然后让婴儿用鼻推压乳房，刺激乳房泌乳。

2）哺乳姿势

实施母乳喂养时，妈妈可以采用不同的姿势，以母婴感觉舒适、心情愉悦、全身肌肉放松为原则。常见的哺乳姿势有以下几种。

（1）摇篮式哺乳姿势（见图2-9）。摇篮式哺乳姿势是最简单、最常用的哺乳姿势之一，适用于早产儿或含乳有困难的婴儿。摇篮式哺乳姿势（以右侧乳房喂奶为例）的详解如下：① 妈妈用右手臂支撑着婴儿的颈背部，右手掌托着婴儿的臀部，让婴儿横倚在妈妈的腹部，面朝妈妈右侧乳房，头枕在妈妈右侧臂弯上；② 妈妈的左手拇指和其余四指张开，呈C字状，托住右侧乳房，让婴儿的嘴准确地含住乳头。

（2）交叉式哺乳姿势（见图2-10）。交叉式哺乳姿势适用于早产儿或刚出生几天的新生儿。交叉式哺乳姿势（以左侧乳房喂奶为例）的详解如下：① 妈妈的右手手腕放在婴儿两肩胛骨之间，右手拇指和其余四指张开，分别贴放在婴儿头部两侧的耳后，使婴儿面朝左侧乳房；② 妈妈的左手拇指和其余四指张开，呈C字状，贴于左侧乳房的外侧，让婴儿的嘴准确地含住乳头。

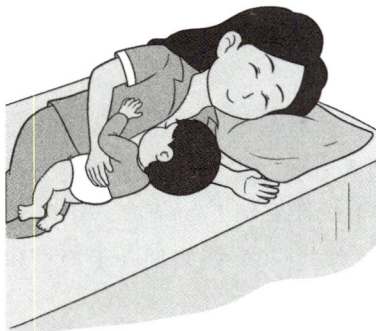

图 2-9　摇篮式哺乳姿势　　　　图 2-10　交叉式哺乳姿势

（3）侧卧式哺乳姿势（见图 2-11）。侧卧式哺乳姿势适用于剖宫产、侧切、会阴撕裂或痔疮疼痛的妈妈，可以避免压迫伤口，减轻疼痛感。侧卧式哺乳姿势（以左侧乳房喂奶为例）的详解如下：① 妈妈侧卧在床上，让婴儿侧躺在妈妈身旁，并将婴儿的头放在妈妈左侧臂弯上；② 妈妈右手扶住婴儿的臀部，让婴儿的嘴准确地含住乳头。需要注意的是，夜间哺乳时，妈妈应尽量避免使用侧卧式哺乳姿势，以免在较暗的环境下压到婴儿的口鼻，引起婴儿窒息。

（4）橄榄球式哺乳姿势（见图 2-12）。橄榄球式哺乳姿势适用于剖宫产、乳头扁平或凹陷、乳房较大及生育双胞胎的妈妈。橄榄球式哺乳姿势（以右侧乳房喂奶为例）的详解如下：① 妈妈将婴儿抱在身体右侧，右肘弯曲，右手掌伸开，使婴儿的头部靠近右侧乳房；② 妈妈用右手托住婴儿的颈部和头部，左手托着右侧乳房，让婴儿的嘴准确地含住乳头。

图 2-11　侧卧式哺乳姿势　　　　图 2-12　橄榄球式哺乳姿势

互动空间

哺乳姿势会影响母乳喂养的效果吗？说说你的想法，并与同学们讨论交流。

3）含乳姿势

哺乳时，妈妈可以用食指、中指轻轻夹住乳晕两旁，将乳头和大部分乳晕送入婴儿嘴中。正确的含乳姿势（见图2-13）为婴儿张大嘴巴，将妈妈的乳头及大部分乳晕含在嘴中，下唇向外翻，嘴上方含住的乳晕比下方多，舌头从下向上裹住乳头和乳晕。吸吮时，婴儿的舌头由前向后运动，与硬腭挤压并拉长乳头，将乳汁挤出，同时伴有吞咽的动作和声音。

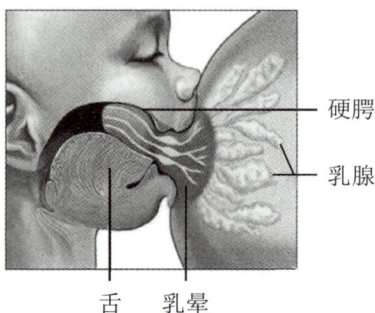

图2-13　正确的含乳姿势

🧸 育儿小助手

在母乳喂养的过程中，婴儿刚开始吸入的乳汁叫前奶，后吸入的乳汁叫后奶。前奶比较稀薄、清淡，主要为婴儿提供丰富的蛋白质、乳糖和水分；后奶脂肪含量较高，主要为婴儿提供能量。因此，妈妈哺乳时可以先让婴儿吸空一侧乳房，再让婴儿吸另一侧乳房，以使婴儿获得全面的营养。

4）哺乳时长与频次

对于0～6月龄婴儿，妈妈在母乳喂养前期应采用按需喂养模式。当婴儿有饥饿表现时，妈妈应及时哺乳，一般每天哺乳8～12次，每次哺乳时长因人而异，通常为10～45分钟。随着婴儿胃肠道功能逐渐成熟，妈妈在母乳喂养后期应增加单次哺乳量，延长哺乳间隔，逐渐从按需喂养模式向规律喂养模式转变，一般每天哺乳6～8次，即每3～4小时哺乳1次。

需要注意的是，如果哺乳时长少于10分钟，或者哺乳后1小时内婴儿又有饥饿表现，或者每次哺乳时长超过40分钟但哺乳后婴儿仍不能入睡，则说明母乳喂养过程可能存在异常情况，如婴儿含乳姿势异常、母乳不足等。在这种情况下，养育人员应及时咨询医生。

5）拍嗝

对于吃奶速度较快、含乳不当、容易肠痉挛的婴儿，喂奶后的拍嗝是很有必要的。拍嗝方法一般有以下几种。

拍嗝姿势讲解

（1）直立式拍嗝（见图2-14）。养育人员先在肩膀上放一条口水巾，然后竖直抱起婴儿，把婴儿的头放在自己的肩膀上，以空心掌由下向上、有节奏地轻拍婴儿的背部。

（2）端坐式拍嗝（见图2-15）。养育人员先在右臂上放一条口水巾，然后让婴儿坐在自己的腿上，用右手的前手臂支撑婴儿的前胸，用左手以空心掌由下向上、有节奏地轻拍婴儿的背部。

（3）侧趴式拍嗝（见图2-16）。养育人员先在腿上放一条口水巾，然后让婴儿趴在自己的大腿上，以空心掌有节奏地轻拍婴儿的背部。

图2-14　直立式拍嗝　　　图2-15　端坐式拍嗝　　　图2-16　侧趴式拍嗝

2. 混合喂养

混合喂养又称"部分母乳喂养"，是指在母乳喂养的基础上为婴儿添加配方奶粉的喂养方式，一般包括补授法和代授法两种。补授法是指婴儿未满6月龄，并且因母乳不足，需要每次喂完母乳再补充配方奶粉的喂养方式。代授法是指婴儿满6月龄以后，并且因妈妈无法继续实行母乳喂养或母乳不能满足婴儿正常生长发育需求，每日至少需要用一次配方奶粉完全替代母乳的喂养方式。

需要注意的是，混合喂养可能影响婴儿对母乳的偏好，因此养育人员需要谨慎选择，并注意控制添加配方奶粉的量及频次。

（二）开展基本的动作训练

养育人员应根据0～6月龄婴儿动作发展的特点，开展基本的动作训练，如抬头训练、坐的训练、翻身训练、抓握训练等，以促进婴儿的动作发展。

1. 抬头训练

抬头训练适用于2月龄左右的婴儿，其活动过程如下。

（1）养育人员让婴儿俯卧在床上，并将婴儿的双手放在其头部两侧。

（2）养育人员用语言引导婴儿，说"宝宝，抬抬头"；或者一边摇摇铃一边慢慢举高，逗引婴儿做出抬头的动作。

抬头训练可以每次练习3～5分钟，每天练习3次。在每次练习后，养育人员应让婴儿仰卧休息片刻。

2．坐的训练

坐的训练适用于4月龄左右的婴儿，其活动过程如下。

（1）养育人员让婴儿仰卧在床上，自己坐在婴儿脚部的位置。

（2）养育人员用双手握住婴儿双手的腕部（见图2-17），慢慢地轻拉婴儿，使婴儿的头部和肩部离开床面。

（3）婴儿坐起来后，养育人员让婴儿保持坐姿几秒钟，再让婴儿躺下。待婴儿休息片刻后，养育人员再继续拉婴儿坐起来，如此反复训练。

在活动过程中，养育人员可根据婴儿的情况适当增加训练难度，如不再抓住婴儿的腕部，而是抓住婴儿的手指，让婴儿自主发力坐起来。

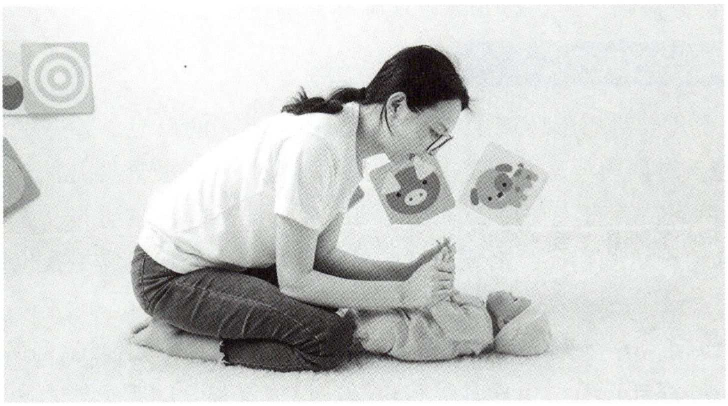

图 2-17　养育人员握住婴儿的腕部

🧩 育儿小助手

坐的训练是让婴儿借助养育人员的帮助自己用力坐起来。如果婴儿被养育人员拉起时，手无力屈肘或头部低垂，则表示其还不宜做这个动作，需要先进行俯卧抬头训练，以强化颈背肌肉及上肢肌肉力量。

3．翻身训练

翻身训练适用于6月龄左右的婴儿，其活动过程如下。

（1）养育人员让婴儿仰卧在床上，在婴儿的左侧或右侧放一个其喜欢的玩具，引导婴儿从仰卧位翻身至侧卧位。

（2）在婴儿的注视下，养育人员将玩具放到距离婴儿身体远一点的位置，逗引婴儿从侧卧位翻身至俯卧位去拿玩具。

（3）按照上述步骤，养育人员继续引导婴儿从俯卧位翻身至侧卧位，再引导婴儿从侧卧位翻身至仰卧位，如此反复训练。

翻身训练应在婴儿喝完奶 1 小时以后进行，以免婴儿在活动过程中溢奶。此外，初次进行翻身训练时，婴儿可能会出现一只手臂被压在身体下面动弹不得的情形，这时，养育人员需要帮助婴儿把手臂抽出。

4. 抓握训练

抓握训练适用于 4～5 月龄婴儿，其活动过程如下。

（1）养育人员将玩具放在桌子上，然后抱着婴儿坐在桌子前。

（2）养育人员指着桌子上的玩具，用语言引导婴儿用手抓取玩具。

（3）待婴儿能够熟练抓取玩具，养育人员可以更换体积稍小的玩具供婴儿抓取。

在活动过程中，当婴儿将玩具拿起来时，养育人员可以用"宝宝，你真棒！""好聪明的小宝宝！"等话语鼓励、表扬婴儿，以增强婴儿的自信心。

（三）提供适宜的认知练习

0～6 月龄婴儿会对周围环境中的各种刺激做出不同的反应，并产生与他人交流的兴趣。养育人员应及时回应婴儿并引导其感知周围环境，从而发展婴儿的认知能力。

（1）视觉练习。养育人员可以在婴儿的床边悬挂一些可移动的、色彩鲜艳的物品，引导婴儿注视和追视这些物品。需要注意的是，悬挂的物品应经常更换位置，以防婴儿发生斜视。

（2）听觉练习。养育人员可以选择能发出响声的玩具，如铃铛、拨浪鼓等，并在婴儿周围不同方位处摇动玩具，引导其寻找声源，以训练婴儿的听觉能力和注意力。

（3）触觉练习。养育人员可以准备各种触感的物品，如棉花、纸片、塑料玩具等，让婴儿通过触摸去感知不同物品的质地和温度，进而发展触觉。

（4）综合感官练习。养育人员可以引导婴儿调动各种感觉器官去感知事物，以帮助婴儿更好地认识和理解周围环境，促进他们的认知发展。例如，养育人员可以拿出一根香蕉，先引导婴儿观察香蕉的颜色、形状和大小，再引导婴儿用手触摸香蕉的表面，接着引导婴儿用鼻子闻一闻香蕉的香味，最后引导婴儿品尝香蕉的味道，从而帮助婴儿对香蕉这一事物形成更加全面的认知。

（四）开展早期的语言训练

对 0～6 月龄婴儿开展语言训练可以为其未来的语言发展奠定良好的基础。养育人员可以从以下几个方面入手，培养婴儿的语言能力。

（1）养育人员可以多与婴儿交流，使用简单、重复且清晰的语言，如"宝宝""妈妈"等，帮助婴儿熟悉语音、语调和语言节奏；或者尝试用不同的语调与婴儿交流，帮助他们更好地理解和区分不同的声音和情感。

（2）养育人员可以播放柔和的音乐或儿歌，为婴儿提供丰富的听觉刺激；或者阅读绘本、讲故事，为婴儿提供丰富的语言刺激。

（3）养育人员可以与婴儿玩一些简单的发音游戏，如"模仿动物叫声"等，激发婴儿的发音兴趣，并提高他们模仿发音的能力。

（五）进行基本的婴儿抚触

婴儿抚触是指养育人员在专业人员的指导下，有技巧地对婴儿全身进行爱抚和触摸的一种保健方法和护理手段。婴儿抚触不仅可以满足婴儿的生理与心理需要，促进婴儿的身体发育，提高婴儿的免疫力，还有助于建立良好的亲子关系。

抚触时，养育人员应先让婴儿仰卧在床上，再按照头面部、胸部、手部、腹部、腿部的顺序进行抚触，然后协助婴儿翻身，使婴儿呈俯卧位，抚触婴儿的背部。养育人员应注意动作的力度，抚触手法应从轻柔开始，然后慢慢增加力度，以婴儿舒服、配合为宜。如果养育人员在操作过程中发现婴儿有不适或反抗现象，则应立即停止。

模块二 7～12 月龄婴儿家庭教育指导

📋 应用场景

某天，在阳光托育园中，郑老师收到一个饭盒，里面装的是莹莹爸爸给莹莹准备的粥。于是，郑老师与莹莹爸爸发生了以下对话。

郑老师：下午好呀，莹莹爸爸！莹莹还不满 8 月龄，就开始喝粥了吗？

莹莹爸爸：下午好，郑老师。我看书上说粥的营养丰富，就想着煮点给莹莹喝。

郑老师：那莹莹每天都喝粥吗？平时会喝奶粉吗？

莹莹爸爸：我每天都会煮不同的粥给她喝，既能补充营养，又能补充水分。莹莹在家时喜欢喝粥，不喜欢喝奶粉。

郑老师：但是书上的知识并不是金科玉律，只喝粥无法满足莹莹现阶段的营养需求。

莹莹爸爸：我说莹莹最近怎么变瘦了，看来书上的知识不能全信。

典型任务

一、信息获取

1．描述莹莹爸爸的喂养方式。

2．指出莹莹爸爸在喂养莹莹的过程中存在的问题。

3．假如你是郑老师，你会从哪几个方面对莹莹爸爸进行指导？

二、实践记录

家庭教育指导记录表

姓名：　　　　　　性别：　　　　　年龄：

养育人员：

指导人员：

指导时间：

指导内容：

- -

- -

- -

指导难点：

- -

- -

- -

问题记录：

- -

- -

- -

思考与总结：

- -

- -

- -

新手指导

一、7～12月龄婴儿的发展特点

（一）身高与体重发展

6个月以后，婴儿身高的增长有所减慢，平均每月增长1～1.5厘米。以6月龄婴儿身高68厘米为例，12月龄婴儿的身高可增长到74～77厘米。

6个月以后，婴儿体重的增加也有所减慢，平均每月增加0.5千克。以6月龄婴儿体重6.6千克为例，12月龄婴儿的体重可增加到9.6千克。

（二）动作发展

1. 粗大动作发展

7～12月龄婴儿的躯干肌肉变得更加有力，手臂和腿部肌肉变得更加强壮，身体的平衡性也日益增强。

7月龄婴儿独坐时会将背挺直，且无须用手支撑床面，能保持1分钟或以上。8月龄婴儿独坐时无须用手支撑床面，上身可以自由转动取物；双手扶着物体能站立5秒或以上。9月龄婴儿能用手和膝盖支撑起身体并向前爬行，也能在被养育人员牵着双手时移动双腿，向前行走3步或以上。

10月龄婴儿无须他人协助，能较为协调地从俯卧位坐起并坐稳，并较为熟练地爬行。11月龄婴儿能用一只手扶着养育人员蹲下，用另一只手捡起地上的玩具，如图2-18所示。12月龄婴儿在被养育人员牵着一只手时，能协调地移动双腿，向前行走3步或以上。

图2-18　婴儿蹲下捡玩具

育儿宝典

爱动的依依

9月龄的依依喜欢到处爬来爬去，为此，依依妈妈在家里的地板上铺上了厚厚软软的垫子。依依除了在垫子上爬，有时还会从垫子上爬到沙发上拿她喜欢的玩具。依依妈妈总是热情地称赞依依"好棒"，这让依依的兴致更高了，有时候依依还会趁妈妈不注意试图爬到楼梯上。不仅如此，依依还很喜欢听音乐，一听到音乐就会摆动身体。一开始，依依妈妈会拉着依依的胳膊，引导她跟随音乐的节奏摆动身体。后来，依依逐渐学会自己随着音乐的节奏摆动身体。

爬行游戏和摇摆舞不仅可以锻炼婴儿四肢肌肉的力量，还可以训练婴儿的平衡能力与协调能力。因此，养育人员可以在与婴儿的互动中引入类似的活动，以促进婴儿动作快速发展。

2. 精细动作发展

7～12月龄婴儿的精细动作发展主要表现在其手指的灵活性得到提升，手部的动作越来越丰富，手眼协调能力也开始逐渐发展。7～12月龄婴儿不再简单地抓握物品，而更多地将注意力放到摆弄手中的物品上。

7～9月龄婴儿能主动伸手去抓物品，并且能做到双手握持不同的物品。同时，他们能用手指捏起体积较小的物品，如小积木、葡萄干等，也能摇晃、投掷或敲击抓在手里的物品，如拨浪鼓、积木等。

10～12月龄婴儿不仅能有意识地拿放玩具箱里的积木，而且能较为稳定、准确地对敲双手中的积木。此外，他们还能用手掌握笔并在纸上画无规律的线条，如图2-19所示。这一时期，婴儿的双手逐渐成为其认识周围事物的主要工具。

图 2-19　婴儿握笔画线

（三）认知发展

1. 感知觉发展

（1）视觉发展。7～12月龄婴儿的视力迅速提高，达到成人视力的2/3，他们逐渐能看到一些较为细小的物体，如小珠子、小石子等。同时，这一时期的婴儿能将视线长时间集中在某一物体上，并且能通过改变体位对移动的物体进行全方位追视。

（2）听觉发展。7～12月龄婴儿逐渐能辨别不同人说话的声音及同一个人说话时的不同语调，并做出不同的反应。例如，婴儿听到语调愉悦、柔和的说话声时会微笑，听到语调生硬、严厉的说话声时会哭泣。此外，这一时期的婴儿还能辨别一些简单的节奏和旋律，并表现出对音乐的偏好，如听到欢快的音乐时会挥舞双手来表达兴奋和愉悦。

（3）触觉发展。7～12月龄婴儿双手的协调能力逐渐增强，他们经常会用双手去摆弄物品，并将物品放入口中，通过手的触觉和口腔触觉来感知物品。同时，他们开始出现有目的的、积极主动的手的触觉探索活动。

育儿小助手

7～12月龄婴儿正处于手口并用的时期，养育人员应确保婴儿生活环境的卫生与安全，避免婴儿接触到不干净的或有潜在危险的物品。

（4）形状知觉发展。7～12月龄婴儿的形状知觉能力迅速发展。8～9个月时，婴儿获得形状恒常性知觉能力（人在不同的观察条件下，对物体形状的知觉保持不变的能力）。例如，婴儿在观察篮球时，无论是从正上方看还是从斜上方看，都能理解篮球是圆形的。

2. 记忆发展

7～12月龄婴儿的记忆缺乏目的性，以动作记忆和情绪记忆为主。他们能记住一些不断重复的动作、外部特征突出的事物、带有情绪色彩的事情（如做某事被妈妈表扬了等），记忆时长可保持数天。

育儿小助手

动作记忆是指以过去做过的动作或运动为内容的记忆。情绪记忆是指以过去体验过的情绪或情感为内容的记忆。

3. 注意发展

7～12月龄婴儿的注意开始受知识与经验的支配。例如，当陌生人出现时，婴儿会时刻保持高度的警惕，并密切注意陌生人的言行。反之，当面对熟人时，婴儿则表现得比较随意。这一时期，婴儿的注意不稳定，且注意力集中的时间通常较短。

4. 思维发展

7月龄婴儿开始对不符合自己已有经验的现象表示惊讶。例如，当婴儿首次用手拍打鸭子玩具时，鸭子玩具发出"嘎嘎嘎"的叫声；当婴儿再次拍打鸭子玩具时，如果鸭子玩具不发出叫声，婴儿就会露出疑惑的表情。

9月龄婴儿开始建立客体永久性观念，即当物品从视野中消失时，婴儿仍知道物品是存在的，只是被藏在了某个地方。12月龄左右时，婴儿开始出现表意性动作，即婴儿能借助动作来表达自己的意愿或想法，如用手指向自己想要的东西或想去的地方。

（四）语言发展

7～12月龄婴儿处于语言理解能力优于语言表达能力的阶段。在语言理解方面，7～9月龄婴儿能听懂养育人员发出的一些简单的、常用的指令，并能按照指令行事。例如，养育人员给婴儿穿衣时，婴儿能根据养育人员的指令做出伸手、伸腿、抬胳膊等动作，如图2-20所示。10～12月龄婴儿能听懂常见事物的名称。例如，当养育人员问婴儿"灯在哪里？"时，婴儿会用眼睛注视或用手指向灯的位置。

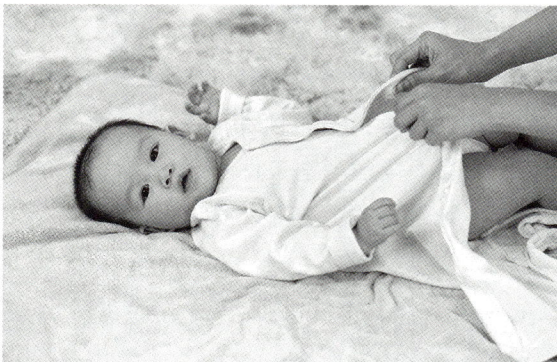

图2-20　婴儿配合穿衣

育儿小助手

7～12月龄婴儿掌握的一般是具体的名词，缺少概括性。也就是说，婴儿掌握的词语会与某一特定的对象相联系，具有专指的性质，如"娃娃"就是指他们自己的玩具娃娃，"妈妈"就是指他们自己的妈妈。

在语言表达方面，7～9月龄婴儿能发出pa-pa、ma-ma等语音但无所指，也能用动作表达"抱""没有""好吃""欢迎""再见"等意思。10～12月龄婴儿能在看到父母时有意识地发出"爸爸""妈妈"等语音，也能有意识并正确地发出"汪""拿""走""姨""奶"等单个字音。

育儿宝典

引导婴儿听懂"不"的含义

西西妈妈经常带着11月龄的西西去楼下的广场玩耍。一天，西西和妈妈在广场上玩时，天空突然下起小雨，西西妈妈赶紧带着西西回家了。

到家后没过多久，西西就指着门口对妈妈说："走！"妈妈猜测西西还想去广场玩，便对她说："外边下雨了，出去淋到雨会生病的。"但是西西仍旧指着门口，看妈妈没有要出门的意思，西西伸手打了妈妈的脸。这时，妈妈用严厉的口吻对西西说："西西，不能打人！打人是不对的。"西西听到妈妈严厉的批评后，便不敢再打妈妈了。

当婴儿出现某些不当行为时，如果养育人员能用严厉的语言给予制止，在一定程度上能够强化婴儿对"不"的理解，并能让婴儿停止不当行为。

（五）情绪情感与社会性发展

7～12 月龄婴儿的情绪情感与社会性发展主要表现在情绪情感的识别、情绪情感的表达与控制、情绪情感的社会性发展等方面。

1．情绪情感的识别

7～12 月龄婴儿能从他人的面部表情中辨别出高兴、难过、生气等基本情绪，并以此作为参照来调节、控制自己的行为反应。例如，当婴儿乱扔东西时，养育人员如果用生气的表情看着婴儿，婴儿就会停止扔东西的动作。

2．情绪情感的表达与控制

7～12 月龄婴儿能表达激动、兴奋、放松、愤怒、恐惧、悲伤等情绪情感。但是，这一时期，婴儿控制情绪情感的能力较弱，他们的情绪情感极易受到外界环境的影响，如跟着别人哭或笑。

3．情绪情感的社会性发展

（1）依恋。依恋是指婴儿与主要养育人员（通常是妈妈）之间形成的一种亲密的、持久的情感联结，一般在婴儿 7 月龄时出现。婴儿的依恋表现为对主要养育人员的明显依赖，如主动寻找妈妈、关注妈妈的一举一动等。他们的情绪情感变化受主要养育人员的影响，如与妈妈在一起时会特别高兴，与妈妈分离时则会十分伤心。

（2）陌生人焦虑。陌生人焦虑是指婴儿见到陌生人时产生的恐惧、紧张或不安的情绪情感反应，一般在婴儿 7 月龄时出现，在 8～10 月龄时达到高峰，在 2 岁时逐渐减轻。

（3）分离焦虑。分离焦虑是指婴儿因与主要养育人员分离而产生的焦虑、不安或痛苦的情绪情感反应，一般在婴儿 8 月龄时出现，在 14～18 月龄时达到高峰，之后逐渐减轻。

知识视窗

婴儿依恋的类型

婴儿依恋的类型主要有安全型依恋、回避型依恋和矛盾型依恋。

1. 安全型依恋

在陌生的环境中，这类婴儿会把妈妈在的地方当作"安全基地"。妈妈在场时，他们非常活跃，会主动去探索周围环境；妈妈离开时，他们会表现出明显的苦恼和不安，且活动减少；妈妈返回时，他们会主动寻求妈妈的安慰，并且很容易经抚慰而平静下来，继续之前的活动。

2. 回避型依恋

在陌生的环境中，妈妈是否在场并不会对这类婴儿产生影响。妈妈离开时，他们没有明显的紧张、不安、焦虑等情绪；妈妈返回时，他们也不会主动与妈妈接触，往往是不予理会，并且继续之前的活动，甚至会主动回避妈妈的亲密行为。

3. 矛盾型依恋

在陌生的环境中，即使妈妈在场，这类婴儿也不会主动去探索周围环境，而是一直依偎在妈妈身边。妈妈离开时，他们会大哭大闹，表现出极度的痛苦、惊恐和不安；妈妈返回时，他们对妈妈的态度是极其矛盾的，既希望与妈妈有亲密接触，又会回避妈妈的亲密行为。

二、7～12月龄婴儿家庭教育指导策略

(一) 添加营养丰富的辅食

对于7～12月龄婴儿，单一的母乳喂养已不能完全满足其对能量及营养的需求，因此养育人员应适时为其添加辅食。在添加辅食的过程中，养育人员应注意以下几点。

（1）辅食量应由少到多。刚开始添加的辅食量仅为10毫升（约1勺），随后逐渐增多。一般来说，7～9月龄婴儿每日可添加2次辅食，从每次10～20毫升（1～2勺）逐渐增加到125毫升（约1/2碗）。10～12月龄婴儿每日可添加3～5次辅食，每次180毫升（约3/4碗）。需要注意的是，养育人员为婴儿添加辅食时，应注意观察婴儿的反应，以免婴儿出现消化不良或过敏等问题。

（2）辅食质地应由稀到稠。刚开始添加辅食时，养育人员应先将食物制成汁状或泥状，以便婴儿消化吸收；然后逐步制作质地粗硬一点的末状或碎状食物，以增强婴儿的咀嚼能力。

（3）辅食种类应由单一到多样。一般来说，养育人员为婴儿添加辅食时，应首选易吸收、不易导致过敏的谷物类食物，如婴儿米粉；然后逐步添加其他食物，如菜泥、果泥、肉泥、肝泥及蛋黄等。这里参考中国营养学会推荐的7～24月龄婴幼儿平衡膳食宝塔，列出了7～12月龄婴儿每日膳食结构（见图2-21）。养育人员每添加一种食物，应给予婴儿3天的适应期，待其完全适应后再添加另一种食物，最终由食用一种食物发展到混合食用多种食物。需要注意的是，添加新食物后，若婴儿出现皮疹、腹泻或呕吐等不适症状，则养育人员应暂停添加辅食，待其症状好转后再尝试少量喂食；若婴儿出现严重过敏，则养育人员应及时带婴儿就医。

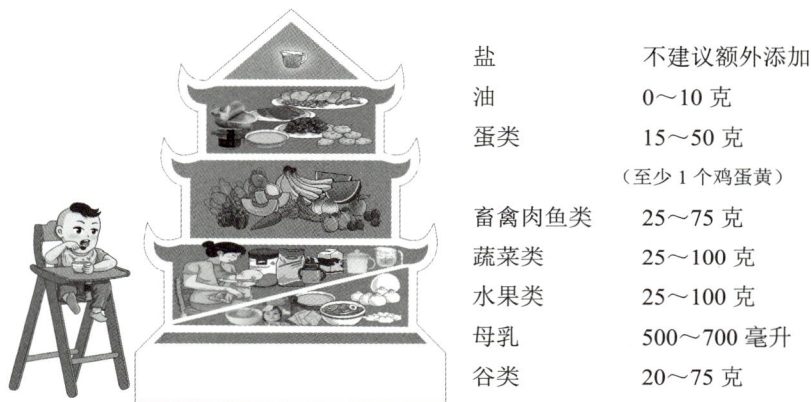

盐	不建议额外添加
油	0～10 克
蛋类	15～50 克
	（至少 1 个鸡蛋黄）
畜禽肉鱼类	25～75 克
蔬菜类	25～100 克
水果类	25～100 克
母乳	500～700 毫升
谷类	20～75 克

图 2-21　7～12 月龄婴儿每日膳食结构

（4）不管是自制的辅食，还是购买的辅食，都应符合国家卫生标准和规定，包括《食品安全国家标准　婴幼儿谷类辅助食品》（GB 10769-2010）、《食品安全国家标准　婴幼儿罐装辅助食品》（GB 10770-2010）、《食品安全国家标准　辅食营养补充品》（GB 22570-2014）。自制辅食时，养育人员应选用新鲜食材，并对食材进行彻底清洗，以免不洁食材影响婴儿的健康。

育儿宝典

馋嘴的方方

　　方方刚满10月龄，是一个胖嘟嘟的小男孩，他每次看到大人吃饭都会流口水，并伸手去抓食物。方方爷爷看到后就用筷子蘸一点菜汤或夹一点饭粒塞进方方的嘴巴里，说："来，尝尝味道。"方方妈妈看到后立即制止，说："宝宝1岁前不能吃这些。""有什么关系啊！不就是碰碰嘴巴嘛。"方方爷爷不以为然。

天然食物中所含的钠已经能够满足婴儿的需求，额外摄入盐会增加婴儿肝肾代谢的负担。同时，婴儿的味蕾非常敏感，成人饭菜中的调味品会刺激婴儿的味蕾，导致其偏好重口味的食物，从而拒绝清淡的食物。因此，在婴儿1岁之前，养育人员不应在其食物中添加盐、糖等调味品，也不应把成人的食物喂给婴儿。

（二）设计适宜的动作训练活动

养育人员应根据7～12月龄婴儿动作发展的特点，设计适宜的动作训练活动，如独坐训练、爬行训练、站立训练、扶走训练、取放物训练等，以锻炼婴儿身体的平衡能力和灵活性。

1．独坐训练

独坐训练适用于7～8月龄婴儿，其活动过程如下。

（1）养育人员让婴儿坐在床上或地毯上，并用摇铃吸引婴儿的注意。

（2）养育人员将摇铃放在婴儿身体正前方约30厘米处，鼓励婴儿前倾身体并伸手去抓摇铃。

（3）当婴儿抓到摇铃后，养育人员将摇铃依次放在婴儿身体的左前方和右前方约30厘米处，引导婴儿左右倾斜身体并伸手去抓摇铃。

（4）重复几次后，养育人员可以抚摸婴儿的腰部、背部和腹部，帮助婴儿放松肌肉。

在活动过程中，养育人员应引导婴儿坐着转动身体去抓摇铃，并在其身体向一侧倾倒时扶着他们的肩膀。

2．爬行训练

爬行训练适用于9月龄左右的婴儿，其活动过程如下。

（1）养育人员让婴儿俯卧在床上，用手托起婴儿的腹部，使婴儿的胸部和腹部离开床面、双手和双膝贴着床面。

爬行训练

（2）待婴儿能用手膝支撑起身体时，养育人员在婴儿前面放一个婴儿喜欢的玩具，并逗引婴儿向前爬行。

（3）待婴儿能熟练地自主爬行后，养育人员可以设置一些障碍物，如枕头、毛绒玩具等，并鼓励婴儿爬越障碍物或绕过障碍物，以此进一步发展婴儿的爬行能力。

在活动过程中，如果婴儿无法自主向前爬行，养育人员可以用双手的手掌抵住婴儿的脚掌，并轻轻地往前推，帮助婴儿向前爬，如图2-22所示。

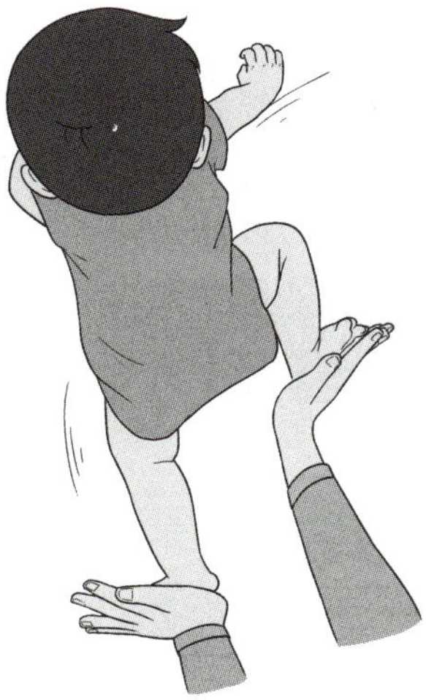

图 2-22 抵足爬行

3. 站立训练

站立训练适用于 10 月龄左右的婴儿，其活动过程如下。

（1）养育人员让婴儿坐在地毯上，双手扶住婴儿的腋下，稍用力将婴儿扶至站姿，让婴儿保持片刻，然后轻轻地让婴儿回到坐姿。

（2）养育人员仍用双手扶住婴儿的腋下，让婴儿的背部和臀部靠着墙站立。

（3）待婴儿站稳后，养育人员慢慢地松开双手，将双手悬空放于婴儿的腰间，并鼓励婴儿独自站立。

在活动过程中，当婴儿站不稳时，养育人员应立即扶住婴儿，防止婴儿摔倒。

4. 扶走训练

扶走训练适用于 11 月龄左右的婴儿，其活动过程如下。

（1）养育人员用双手扶住婴儿的腋下，让婴儿的双脚踩在自己的脚背上，并让婴儿随着自己的脚步一起向前迈步。

（2）练习一段时间后，养育人员可以用双手扶住婴儿的腋下，让婴儿双脚踩在地板上并向前行走。

（3）练习一段时间后，养育人员可以让婴儿扶着固定桌子的一边站立，并在桌子的另一边放一个玩具，鼓励婴儿扶着桌子走向玩具，如图 2-23 所示。

（4）练习一段时间后，养育人员可以让婴儿扶着可移动的物品（如小推车等）练习行走。

图 2-23　婴儿扶着桌子练习行走

在活动过程中，养育人员应确保周围环境的安全。如果婴儿不小心跌倒了，养育人员要鼓励婴儿自己站起来并继续行走。

5. 取放物训练

取放物训练适用于 10 月龄左右的婴儿，其活动过程如下。

（1）养育人员让婴儿独坐或站立在地毯上，并在地毯上放置一些玩具和一些大小适中的容器（如箱子、盒子、篮子等）。

（2）养育人员先引导婴儿伸手去抓取地毯上的玩具，然后让婴儿将手中的玩具放入容器中。

（3）在婴儿能够识别不同玩具的基础上，养育人员可以引导婴儿将不同类型的玩具分别放入不同的容器中。

在活动过程中，养育人员应全程关注婴儿的动态，确保婴儿的安全，避免使用尖锐、易碎或有毒的玩具，并根据婴儿的能力逐步增加训练难度，如将大体积的、容易抓取的玩具逐渐过渡到体积更小的、结构更复杂的玩具。

育儿小助手

7～12 月龄婴儿正处于积极探索周围环境的阶段，其活动范围大大扩展，但缺乏安全意识和判断能力。为确保婴儿的安全，养育人员应注意以下几点。

（1）安装窗户防护网，使用安全插座，并安装电源保护套。

（2）用柔软质地物包住桌椅等家具的尖锐角，并将所有尖锐、硬质、易碎的物品放置在婴儿不易接触的区域，如高处、抽屉内或橱柜中。

（3）在地面铺上防滑垫或泡沫板，让婴儿更安全地爬行或学习走路。

（三）提供丰富的游戏机会

1. 选择合适的玩具

7～12月龄婴儿主要通过视觉、听觉、触觉来认识外界，因此养育人员应提供符合其身心发展水平的玩具，如色彩丰富的动物造型玩具、能发出悦耳声音的摇铃、拨浪鼓，以及可供其敲打的小鼓等。

7～12月龄婴儿对玩具的认知大多停留在表面，并且对玩具的注意力不会保持太长的时间。养育人员可以向婴儿演示如何操控玩具并鼓励婴儿模仿，也可以通过播放节奏明快的音乐或以生动的面部表情配合玩具的演示，增加婴儿对玩具的兴趣。

2. 开展简单的游戏

养育人员应开展适合7～12月龄婴儿的游戏，并确保游戏简单、易于理解。例如，7～12月龄的婴儿一般能够正确指认自己的身体部位，养育人员可以与婴儿开展"宝贝的身体"认知游戏：养育人员可以一边说"宝贝的脚在哪里呀？哦！宝贝的脚在这里"，一边用手轻轻地触碰婴儿的脚；或者一边说"宝贝的小手在哪里呀？哦！宝贝的小手在这里"，一边引导婴儿将两只手合在一起。

在游戏过程中，养育人员应密切观察婴儿的行为和表现，以便了解婴儿的身心发展水平和游戏偏好，并积极与婴儿进行互动，激发婴儿的好奇心和表达欲。

（四）开展简单的日常互动

婴儿的日常生活环节可以作为引发其情绪情感、促进其语言和认知发展的重要切入点。通过日常生活环节中的交流互动，婴儿会更加积极地关注并回应养育人员。养育人员可以从以下几方面入手。

（1）利用肢体接触、微笑、眼神交流等方式吸引婴儿的注意力，引导婴儿进行简单的互动。例如，养育人员可以轻轻地戳婴儿的脚趾并做出惊喜的表情，以鼓励婴儿进行互动。

（2）每天展示生活环境中的实物，并进行语言介绍，逐渐帮助婴儿建立对常见物品名称的记忆。例如，当婴儿拿到一只球时，养育人员可以说"这是一只球"，并向婴儿展示球的特征，增强其感知体验，同时鼓励婴儿与自己对话。

（3）利用洗澡环节教婴儿认识身体的不同部位。例如，养育人员可以用手指轻轻地点按婴儿身体的不同部位，并说出对应的名称，如头、手、脚等，然后让婴儿跟着做。

（4）与婴儿玩游戏，增进亲子之间的沟通和交流。例如，养育人员可以与婴儿玩"躲猫猫"游戏：先躲起来，然后突然出现，同时配以夸张的面部表情、"喵呜"等有趣的拟声词或"找到你啦"等简单的语言。在游戏过程中，婴儿会模仿养育人员，还会以语言或肢体动作来回应。

经典咨询实例

咨询一　不会爬的宝宝

（一）咨询案例

9 月龄的丁丁平时和外婆生活在一起，丁丁父母每个月会回家陪丁丁几天。一天，丁丁妈妈回家后，发现丁丁还不会爬行，于是和丁丁外婆发生了以下对话。

丁丁妈妈："妈，你平常有让丁丁练习爬行吗？"

丁丁外婆："我觉得在地上爬来爬去太脏了，就没让丁丁爬过。"

丁丁妈妈："那可以让丁丁在床上练习啊，丁丁这个月龄应该能爬行了。"

丁丁外婆："不用着急，等他长大点自然就会了。"

（二）发现问题

丁丁外婆认为在地上爬行太脏而不让丁丁练习爬行，同时也没有认真对待丁丁妈妈的建议，而是认为"等他长大点自然就会了"，这些错误的观念可能会导致丁丁错过宝贵的生长发育时期，从而阻碍其动作发展。丁丁妈妈虽然提出了合理的建议，但并未充分解释爬行对婴儿身体发育的重要性，也未能说服丁丁外婆改变原有的观念。

（三）指导建议

首先，丁丁父母可以在地面铺上干净、柔软的垫子供丁丁练习爬行，同时保证环境的清洁和安全，消除丁丁外婆的担忧。其次，丁丁父母应耐心地与丁丁外婆分享关于婴儿教养的知识，让丁丁外婆真正了解爬行对于丁丁的重要性，并帮助丁丁外婆学会如何引导丁丁进行爬行练习。

（四）专家点评

爬行对于婴儿的身体发育和动作发展至关重要，它是一种综合性的身体运动，不仅有助于婴儿颈部、胸部、背部、腿部及手臂肌肉的发育，还可以为婴儿的站立和行走打下基础。养育人员应充分了解与遵循婴儿的发展规律，及时创设合适的环境供婴儿进行爬行练习。同时，养育人员还可以通过一些有趣的玩具或游戏来激发婴儿对爬行的兴趣，鼓励婴儿积极主动地进行爬行练习。

咨询二　别让强制的学习夺走童年的快乐

（一）咨询案例

在"望女成凤"心态的驱使下，朵朵妈妈自朵朵出生起就为其制订了一系列的学习计划。朵朵妈妈计划让朵朵1岁时开始学习读《三字经》。

就这样，1岁的朵朵在妈妈的鞭策下努力学习读《三字经》。一旦朵朵有所懈怠，妈妈就会利用物质奖励来激励朵朵继续坚持；一旦朵朵读错了，妈妈就会大发雷霆。

当别的小朋友在外面尽情玩耍时，朵朵却只能在家里学习读书。渐渐地，朵朵不喜欢说话了，也不爱笑了，还会极力地躲避妈妈。

（二）发现问题

朵朵妈妈的操之过急毁掉了朵朵原本快乐的童年。当别的小朋友在快乐无忧地玩耍、亲密接触神奇的大自然的时候，朵朵却只能按照妈妈的计划学习读书，这对朵朵的认知能力、语言能力和社交能力等方面的发展都十分不利。

（三）指导建议

朵朵妈妈不应把自己的意愿强加到朵朵身上，让朵朵在焦虑与紧张的氛围中生活。朵朵妈妈应放下自己的期望，积极了解朵朵的想法与需求，充分尊重朵朵的意愿和兴趣，让朵朵在兴趣的引导下学习适合自己和自己喜欢的东西，并确保朵朵的心情放松、愉快。

（四）专家点评

1岁婴儿的认知能力和语言能力还没有发展成熟，这时教婴儿读书是违背其生长和发展规律的。养育人员不应借"爱"的名义绑架孩子，让孩子背负太高的期望并生活在焦虑之中，而应让孩子按照自己的节奏成长，给予他们足够的空间和支持。

学以致用

综合测试

一 不定项选择题

1. 3月龄婴儿俯卧时能较为稳定地抬头，他们可以用前臂做支撑，头部抬高的角度为（   ）且持续5秒或以上。

  A．45°
  B．90°

  C．30°
  D．60°

2. 实施母乳喂养时，妈妈可以采用不同的姿势，以母婴感觉舒适、心情愉悦、全身肌肉放松为原则。常见的哺乳姿势有（   ）。

  A．橄榄球式哺乳姿势
  B．交叉式哺乳姿势

  C．摇篮式哺乳姿势
  D．侧卧式哺乳姿势

3. 婴儿抚触的好处不包括（   ）。

  A．可以满足婴儿的心理需要

  B．可以减少婴儿的睡眠时间

  C．可以提高婴儿的免疫力

  D．可以促进婴儿的身体发育

4. （   ）是指婴儿因与主要养育人员分离而产生的焦虑、不安或痛苦的情绪情感反应。

  A．陌生人焦虑
  B．依恋

  C．分离焦虑
  D．陌生人恐惧

5. 在添加辅食的过程中，7～9月龄婴儿每日可添加（   ）次辅食，10～12月龄婴儿每日可添加（   ）次辅食。

  A．1，3～5
  B．2，3～5

  C．2，4～6
  D．1，2～4

二 判断题

1. 在早期，深度知觉受婴儿自身经验的影响较大，特别是爬行经验，会爬的婴儿的深度知觉能力明显高于不会爬的婴儿。（   ）

2. 7～12月龄婴儿开始出现无选择的社会性微笑。（   ）

3．3～6月龄婴儿逐渐能辨别不同人说话的声音及同一个人说话时的不同语调，并做出不同的反应。　　　　　　　　　　　　　　　　　　　　　　　（　　　）

4．9月龄婴儿开始建立客体永久性观念。　　　　　　　　　　　　（　　　）

5．不管是自制的辅食，还是购买的辅食，都应符合国家卫生标准和规定。（　　　）

三　简答题

1．简述0～6月龄婴儿动作发展的特点。

2．简述7～12月龄婴儿语言发展的特点。

3．简述养育人员与7～12月龄婴儿开展日常互动的方法。

四　实践题

全班学生以小组为单位，按照以下步骤完成本次"设计一份婴儿辅食食谱"的实践任务。

〔实践分组〕

全班学生以4～6人为一组进行分组，各组选出组长并进行任务分工，将小组成员及分工情况填入表2-1中。

表2-1　小组成员及分工情况

班级		组号		指导教师	
小组成员	姓名	学号		任务分工	
组长					
组员					

〔实践步骤〕

（1）查找中华人民共和国国家卫生健康委员会发布的《婴幼儿辅食添加营养指南》及相关案例资料，整理并记录相关资料。

（2）分别为7～9月龄婴儿、10～12月龄婴儿设计一份辅食食谱，标注注意事项，并填写到表2-2中。

表 2-2　食谱设计表

对象	食谱内容	注意事项
7～9 月龄婴儿		
10～12 月龄婴儿		

〔实践成果〕

各组组长以 PPT 的形式在班级内展示本组的辅食食谱设计方案，并进行相应的解说。

学习评价

教师可以从基本知识、实践技能、综合素质、活动成果等方面对学生进行评价，请各位学生配合指导教师共同完成学习评价表（见表2-3）。

表2-3　学习评价表

班级		姓名			学号	
组号		指导教师			日期	
评价维度	评价标准		分值	评分		
				自评	师评	
基本知识（20分）	熟悉0～12月龄婴儿的发展特点		10			
	掌握0～12月龄婴儿家庭教育指导策略		10			
实践技能（30分）	能够针对实际情况灵活运用0～12月龄婴儿家庭教育指导策略		15			
	能够通过咨询发现0～12月龄婴儿家庭教育存在的问题，并给予切实可行的指导建议		15			
综合素质（20分）	具有较强的观察与分析能力		6			
	能够透过现象看本质，培养理性思维		8			
	具备严谨、求实的学习态度		6			
活动成果（30分）	搜集的资料真实、准确		6			
	辅食食谱设计得合理、科学		10			
	PPT制作精美、图文并茂		7			
	解说富有条理		7			
合计			100			
总评	自评（30%）+师评（70%）=					
教师评语				教师（签名）：		

第三讲

1～3 岁幼儿家庭教育指导与咨询

学习目标

知识目标

- 熟悉 1～3 岁幼儿的发展特点。
- 掌握 1～3 岁幼儿家庭教育指导策略。

技能目标

- 能够结合 1～3 岁幼儿的发展特点，有效运用幼儿家庭教育指导策略。
- 能够通过咨询发现 1～3 岁幼儿家庭教育存在的问题，并给予合适的指导。

素养目标

- 关注幼儿的个体差异，学会因材施教。
- 培养多角度思考问题的意识，具备触类旁通、举一反三的能力。

模块一　1～2岁幼儿家庭教育指导

应用场景

爱抢玩具的淘淘

　　2岁的淘淘在小区里玩耍时，看到其他小朋友手上有自己喜欢的玩具，二话不说就抢过来玩，却不愿意让其他小朋友玩自己的玩具。淘淘妈妈看到淘淘抢玩具时会立刻上前制止并给淘淘讲道理，然而淘淘依旧我行我素。

　　随着抢玩具的次数越来越多，淘淘被"投诉"的次数也越来越多。有一次，淘淘妈妈带淘淘到小区的游乐场玩滑梯，有个小朋友过来对淘淘说："我不跟你玩！你总是抢大家的玩具，是个小强盗！"淘淘妈妈听到后觉得很无奈，她觉得自己已经尽力教育淘淘，但淘淘还是改不掉抢他人玩具的坏习惯。

典型任务

一、信息获取

1. 分析淘淘抢他人玩具的原因。

2. 指出淘淘妈妈在教育淘淘的过程中存在的问题。

3. 假如你是指导人员，你会从哪几个方面对淘淘妈妈进行指导？

二、实践记录

家庭教育指导记录表

姓名: _____ 性别: _____ 年龄: _____

养育人员: _____

指导人员: _____

指导时间: _____

指导内容: _____
_____

指导内容: _____
_____

指导难点: _____
_____
_____

问题记录: _____
_____
_____

思考与总结: _____
_____
_____

新手指导

一、1～2 岁幼儿的发展特点

（一）身高与体重发展

经过了出生后第一年的迅猛生长期，1～2 岁幼儿身高与体重的增长速度有所下降，表现为身高每月平均增长 0.83 厘米，体重每月增加 150～200 克。因此，在出生后的第二年内，幼儿的身高通常能增长约 10 厘米，体重通常能增加约 2 千克。

（二）动作发展

1. 粗大动作发展

1～2 岁幼儿的粗大动作发展表现为由简单移动向掌握基本运动技能过渡，其行走、奔跑、跳跃等技能得到了较好的发展。

1 岁幼儿扶着栏杆、墙体或由养育人员牵着时能走得比较稳，但在不借助外力的情况下向前迈步时，幼儿的身体会不自觉地向前倾，且步幅不稳，容易摔倒。1.5 岁幼儿行走的动作日趋协调，步伐更加流畅，能够实现自如行走（见图 3-1）。到了 2 岁，幼儿不仅能变换方向走，还能在养育人员的帮助下走斜坡和跨越障碍物，并掌握跑的动作，但还不能迅速起跑，也无法自己停下来。此外，2 岁幼儿还掌握了跳的动作，能双脚同时离开地面向上跳。

图 3-1　幼儿自如行走

2. 精细动作发展

1～2 岁幼儿的精细动作发展主要表现为手部的灵活性与手眼协调能力的快速发展。

1～1.5 岁幼儿的五指逐渐分化，手部的灵活性逐渐增强。他们能自如地摆弄一些小物品并探索其作用，如盖上瓶盖、用画笔涂鸦、搭高 3～5 块积木等。同时，他们开始学习使用勺子吃饭，如图 3-2 所示。

1～2 岁幼儿精细动作
发展里程碑

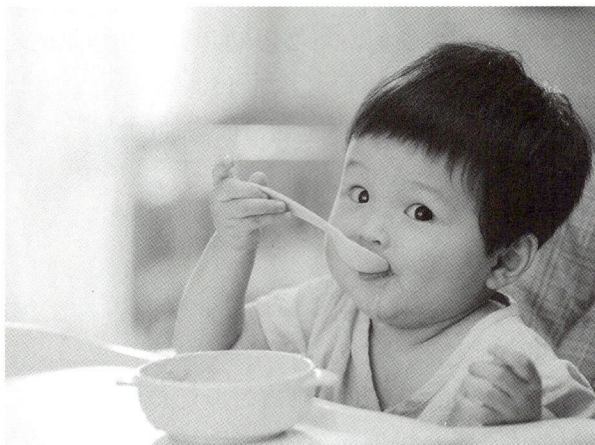

图 3-2　幼儿用勺子吃饭

1.5～2 岁幼儿的手眼协调能力进一步发展，他们能运用双手完成较为复杂的动作，如拿着线串珠子、模仿拉拉链、尝试拧瓶盖、搭高 7～9 块积木（见图 3-3）等。同时，他们会自己穿脱袜子、剥水果皮等。

图 3-3　幼儿搭积木

（三）认知发展

1. 感知觉发展

（1）视觉发展。1~2 岁幼儿的视觉迅速发展。2 岁幼儿的视力基本接近成人的正常水平，他们开始认识一些基本色，如红色、绿色、蓝色等，但还无法准确地说出这些颜色的名称。

（2）听觉发展。1~2 岁幼儿的听觉能力日渐成熟，其能分辨出不同的声音，如动物的叫声、汽车的鸣笛声、水的流动声等，也能跟随音乐的节奏自然地舞动身体。同时，他们的听觉定位能力发展完善，能根据声音发出的方位准确地找到声源。

（3）触觉发展。1~2 岁幼儿探索事物的方式以手的触觉为主，以口腔触觉为辅。这一时期的幼儿看到陌生的物品时，会用手反复摆弄物品，还会放进嘴里咬一咬，以满足自己的好奇心。

（4）形状知觉发展。1~2 岁幼儿能辨别一些基本的形状，如圆形、方形、三角形等，但还未掌握形状的名称。同时，他们还能将不同形状的物品进行分类和配对。

（5）时间知觉发展。时间知觉是指个体认识事物的延续性和顺序性的知觉。1~2 岁幼儿逐渐学会借助生活经验（如生活作息制度、有规律的生活事件等）和环境信息（如自然界的变化等）来感知时间。例如，幼儿对"早晨"的理解就是起床的时候，对"傍晚"的理解就是太阳下山的时候。

2. 记忆发展

1~2 岁幼儿的记忆发展受环境的影响较大，他们通常看到什么就记忆什么，但并不理解记忆的事物。这一时期的幼儿能记住自己经历过的事情或听过的故事，且记忆保存的时间较长，通常可以保存几个星期。例如，幼儿听完一则故事，隔几个星期，养育人员再次给幼儿讲同一则故事时，幼儿能回忆起故事的主要角色和情节。

同时，1~2 岁幼儿开始出现延迟模仿的行为，他们能观察并记忆他人的动作，并在一段时间之后模仿之前观察到的动作。例如，幼儿外出时看到其他小朋友发脾气的样子，回到家后就会模仿那个小朋友喊叫、顿足的样子。

🧒 育儿小助手

延迟模仿的出现标志着幼儿能记住并运用已掌握的知识和经验。但是，由于幼儿缺乏判断力，他们常常会不加选择地对所见所闻进行模仿，所以可能会模仿一些不良行为。对此，养育人员应及时纠正幼儿的不良行为，并在日常生活中注意自己的言行举止，以身作则，为幼儿树立榜样。

3．注意发展

随着活动区域和社交范围的扩大，1～2岁幼儿注意的对象逐渐增多，注意的范围也越来越广。他们不仅能够注意到自己，还开始注意周围的人及其活动，特别是父母的行为。例如，如果幼儿经常看到爸爸用电脑工作，那么只要看到爸爸打开电脑，就会模仿爸爸敲键盘的动作。但是，这一时期，幼儿的注意力很难长时间地集中在同一事物上，容易发生转移。

4．思维发展

1～2岁幼儿有了初步的判断能力和推理能力，开始通过"试误"的方式来寻找解决问题的方法。例如，幼儿发现无法将三角形积木放入对应的凹槽内时，会尝试不断调整积木的角度，直到成功地将三角形积木放入对应的凹槽内。这一时期，幼儿会通过不断尝试来减少错误行为，随着经验的不断积累，幼儿的试误行为逐渐减少，思维活动逐渐增多，从而形成正确行为。

同时，1～2岁幼儿有了初步的分类能力，能够根据事物的外部特征对其进行分类，并使用简单的语言表达他们的分类方法。例如，幼儿把桌子和椅子分在一起，因为它们都有4条腿；把大象和卡车分在一起，因为它们都很大。

5．想象发展

1.5岁以后，幼儿的想象开始萌芽，以无意想象为主，主要表现为记忆材料的简单迁移和再现，即幼儿能把在生活中见到的、体验过的情景再次展现出来，但创造性的成分很少。例如，幼儿模仿妈妈喂自己吃饭的模样来喂布娃娃吃饭，模仿护士给自己打针的动作来给布娃娃打针等。

（四）语言发展

1．1～1.5岁幼儿的语言发展

1～1.5岁幼儿不再单纯地模仿成人发音，他们能说出一些有真正意义的字和词，这标志着其语言能力的真正产生。

在语言理解方面，1～1.5岁幼儿能听懂更多的词汇并理解简短的语句，但他们对词义的理解不具有概括性，如认为"爸爸"仅指自己的爸爸。

在语言表达方面，1～1.5岁幼儿能有意识地说出20～50个单字或词汇（"爸""妈"除外），其掌握的词汇量较之前有了明显的增长。但是，这一时期，幼儿的语言发展水平仍处于单词句阶段，他们经常用一个词表达一个句子，如用"水"表达"我要喝水"、用"糖"表达"我要吃糖"，或用一个词代表某个物品，如用"滴滴"代表"汽车"、用"喵喵"代表"猫"等。此外，他们还会用一个词代表很多具有相同特征的物品，如用"圆圆"称呼苹果等形状近似圆的物品。

2. 1.5～2 岁幼儿的语言发展

1.5～2 岁幼儿掌握的词汇量呈爆炸式增长，其语言理解与表达能力也明显增强。

在语言理解方面，1.5～2 岁幼儿能听懂大部分的话语，并开始理解周围的环境。他们会自发地提出问题，询问周围事物的名称或属性，如"这是什么？""这能吃吗？"等。

在语言表达方面，1.5～2 岁幼儿已经掌握 50～200 个词（包括名词、动词、形容词、副词等）。他们能有意识地说出 3～5 个字的句子，这些句子涵盖了主语和谓语或主语和宾语，但词序有时是颠倒的，如"喝水我"。此外，他们能用简单的词句表达自己的需求和想法，也能回答简单的问题。

育儿小助手

1.5～2 岁幼儿可能会出现口吃的现象，但这并不一定意味着他们的语言或智力发育异常。这一时期，幼儿使用字词的能力逐渐提高，想更好地通过语言来表达自己的想法，但由于其语言发展滞后于思维发展，因此难免会出现口吃的现象。

（五）情绪情感与社会性发展

1～2 岁幼儿的情绪情感与社会性发展主要表现在情绪情感表现、自我意识、社会交往等方面。

1. 情绪情感表现

1～1.5 岁幼儿开始出现羞愧、自豪、骄傲、同情、内疚等复杂的情绪情感。例如，当幼儿做出了一些伤害他人的行为（如推倒他人、摔坏他人的东西）时，其会出现内疚的情绪。此外，他们会用肢体动作来表达自己的情绪，如高兴时会手舞足蹈、不开心时会摆摆手等。

1.5～2 岁幼儿开始对黑暗、动物等产生恐惧情绪，如怕黑、怕狗等。同时，他们开始理解他人的情绪情感，并能用恰当的方式进行回应，如通过拍肩膀的方式安慰哭泣的同伴。

2. 自我意识

1～1.5 岁幼儿的自我意识处于初步发展的阶段，他们总是以自我为中心，无法理解他人的想法，认为每个人的想法都和自己的想法一样。

1.5～2 岁幼儿的自我意识逐渐增强，他们逐渐有了自己的主张，开始自主活动和独立做事（如自己玩玩具、吃饭等），即便做得不好，也乐此不疲。同时，他们开始有意识地根据自己的感受表达情绪，如高兴时会大笑、不开心时会大声哭闹等。

3. 社会交往

1～1.5 岁幼儿的社交方式主要有亲子交往和同伴交往。从亲子交往的角度来看，幼儿仍然处于对主要养育人员的依恋阶段，尤其是对妈妈的依恋。当依恋对象离开时，幼儿会感到焦虑和难过。从同伴交往的角度来看，幼儿开始对同龄人产生兴趣，他们能与同伴在同一空间内玩耍，但通常是各玩各的，不过幼儿会观察和模仿同伴的行为。例如，天天在玩拼图时，看到身边的乐乐在玩小汽车，就丢下手中的拼图而去玩小汽车。此外，这一时期，幼儿之间的交往开始出现相互应答的行为，即幼儿的社交行为会引起同伴的回应。例如，幼儿递玩具给同伴时，同伴会伸手去接玩具。

1.5～2 岁幼儿开始较多地关注自己的需求，会拒绝与他人分享自己喜欢的东西。他们喜欢与同伴一起玩耍，但可能会出现攻击行为，如抢夺同伴的玩具、拍打同伴等，不过这种攻击行为通常是幼儿无意识的举动。

知识视窗

幼儿的自我意识敏感期

幼儿的自我意识敏感期通常发生在 1.5～3 岁，其表现主要包括以下几个方面。

1. 以自我为中心

幼儿会以自我为中心，不在意他人的感受和需求。他们认为自己的想法和意愿是最重要的，不需要考虑他人的意见和看法。

2. 强调"我的"

幼儿会频繁地使用"我的"这个词来表达自己对物品或空间的强烈占有欲。他们不愿意与他人分享自己的玩具、食物等，甚至认为自己看到的、喜欢的东西都是"我的"。这是幼儿开始建立自我意识的一种表现，这种表现与自私无关。

3. 喜欢说"不"

幼儿会频繁地使用"不"字来表达自己的意愿和态度。例如，当养育人员问幼儿"吃饭吗？""喝水吗？""睡觉吗？"时，幼儿都回答"不"。其实，幼儿并非真的不想吃饭、不想喝水、不想睡觉，只是想通过这种方式来表达自己的独立性和自主性。

4. 固执任性，我行我素

养育人员说东幼儿偏往西，禁止做的事情偏偏要做，这其实是幼儿在用行动表示"我是我自己，我有我自己的想法和主张"。

5. 出现攻击行为

幼儿会出现攻击行为，如打人、咬人等，但这些攻击行为通常与恶意的主观伤害无关，主要是想表达"排斥"的意思，如我不同意你做的事、你所做的事让我不高兴、我不愿意等。

面对以上行为，养育人员不必过于担忧，也不必上纲上线，而应保持耐心和理解，通过正向引导和示范来帮助幼儿建立正确的自我认知，从而使幼儿自然地度过这一敏感期。

二、1～2 岁幼儿家庭教育指导策略

（一）温和断乳，均衡膳食

断乳是指幼儿逐渐戒掉母乳的过程。在断乳的同时，1～2 岁幼儿需要逐渐适应家庭的日常饮食，从被动接受喂养状态转变为自主进食状态。

1. 温和断乳

断乳是幼儿生活中的一大转折，心理学家将此称为"第二次母婴分离"。断乳不当不仅会使幼儿心理上难以适应，还会影响幼儿的身体健康。因此，养育人员应注意以下几点。

1）确定合适的断乳时机

断乳没有统一的时间要求，养育人员可以根据实际情况而定，大多数家庭会在幼儿 1 岁左右时进行断乳。需要注意的是，在幼儿生病、生活发生较大变动（如搬家、旅行）时，养育人员尽量不要进行断乳，否则会加大断乳的难度。

2）选择科学的断乳方法

断乳是一个循序渐进、自然过渡的过程。母乳带给幼儿的不仅仅是营养物质，还有依赖感和安全感。因此，养育人员一定不要在乳头上涂抹苦的、辣的等物质，逼迫幼儿断乳，而是要选择科学的断乳方法。

（1）提前做好准备。养育人员应提前锻炼幼儿使用奶瓶、杯子、碗和勺子的能力（见图 3-4），并在断乳前为幼儿做一次全面体检。如果幼儿身体状况良好，消化能力正常，养育人员则可着手进行断乳。

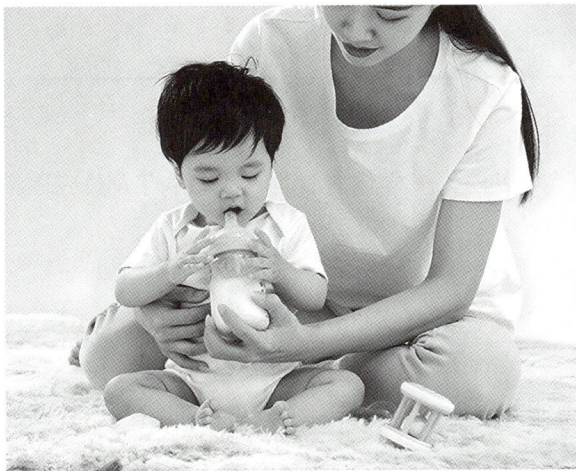

图 3-4　幼儿断乳前使用奶瓶

（2）逐渐减少喂奶次数和喂奶量。在给幼儿断乳时，妈妈应逐渐拉长喂奶的时间间隔，最好先减少白天的喂奶次数和喂奶量，之后逐渐减少夜间的喂奶次数和喂奶量。与此

同时，养育人员还应为幼儿提供配方奶或辅食，以保证幼儿获取充足的营养。

（3）重视情绪抚慰。在断乳期间，妈妈应更多地与幼儿亲密接触，以缓解其不安的情绪，切忌一直远离幼儿或将幼儿交给其他人喂养。此外，除妈妈外的其他养育人员应多安抚幼儿，转移幼儿的注意力，营造安全的环境和快乐的氛围，减少幼儿对妈妈的心理依赖。

育儿小助手

在妈妈和幼儿的亲密接触中，两者已形成用多种方式表达亲密的默契，如拥抱、抚摸、语言交流、玩游戏及喂食等。断乳后，妈妈仍然可以通过这些方式给幼儿带来心理安慰。

3）避免反复的断乳过程

在断乳的过程中，养育人员应果断行动、态度坚决，不可因幼儿一时哭闹就下不了决心，从而拖延断乳时间。同时，养育人员也不能反复地进行断乳，否则会给幼儿带来不良的情绪刺激，容易使其出现情绪不稳、夜惊、拒食等问题。

需要注意的是，幼儿断乳后体重可能会减轻，养育人员不必过于担心，只要幼儿摄入其他食物，体重就会慢慢增加。

互 动 空 间

有人认为断乳是在断母乳的同时也不让幼儿喝配方奶，这种看法正确吗？说说你的想法，并与同学们讨论交流。

2. 均衡膳食

1～2 岁幼儿的肠道可以消化多样化的食物，因此养育人员应逐渐引导幼儿接受多样化的食物，并做到均衡膳食。

1）注重营养均衡

1～2 岁幼儿应多吃富含维生素 A 和胡萝卜素的蔬菜、水果，以及富含铁、锌的动物性食物。在搭配膳食时，养育人员应遵循粗细搭配（全谷物和杂豆类食物搭配）、荤素搭配（动物性食物和植物性食物搭配）、深浅搭配（深颜色食物和浅颜色食物搭配）等原则，以保证营养均衡。这里参考中国营养学会推荐的 7～24 月龄婴幼儿平衡膳食宝塔，列出了 1～2 岁幼儿每日膳食结构（见图 3-5）。

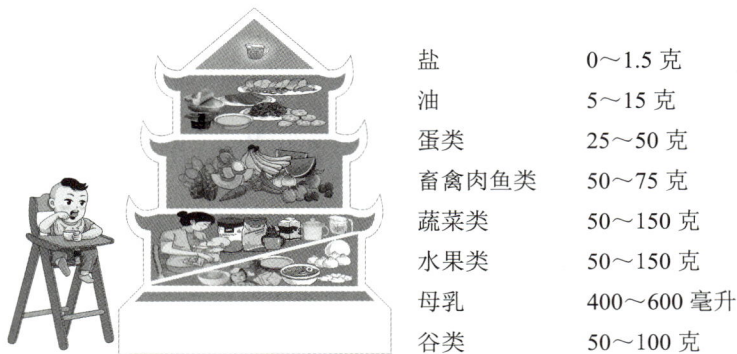

盐	0～1.5 克
油	5～15 克
蛋类	25～50 克
畜禽肉鱼类	50～75 克
蔬菜类	50～150 克
水果类	50～150 克
母乳	400～600 毫升
谷类	50～100 克

图 3-5　1～2 岁幼儿每日膳食结构

2）合理烹调

一般来说，幼儿的辅食应以少盐、少糖、少刺激的淡口味食物为主，避免腌制品、熏肉等高盐、高糖食物。

为了减少烹饪过程中食物营养的流失，养育人员应选用合适的加工方法和烹调方式。首先，养育人员一定要将食物煮熟、煮透。其次，养育人员宜选用蒸、煮的烹调方式，不宜选用煎、炸的烹调方式。最后，养育人员应将食物切碎、煮烂，以便于幼儿咀嚼、吞咽和消化。需要注意的是，养育人员为幼儿准备的食物应完全去除皮、核、骨、刺等。

3）规律进餐

幼儿 1 岁后应逐渐规律进餐，每天可安排 3 顿正餐、2 顿加餐。每顿正餐的时间间隔一般为 3～4 小时，每次进餐的时间约 30 分钟；加餐与正餐的时间间隔一般为 1.5～2 小时。

互动空间

小月在吃午饭前的半小时吵着要吃零食，小月妈妈拒绝了。小月爷爷一看月月哭了，急忙拿来饼干哄她，小月妈妈看见后很生气。

思考： 小月妈妈为什么生气？说说你的想法，并与同学们讨论交流。

4）顺应喂养

顺应喂养强调喂养过程中养育人员和幼儿之间形成良性互动。养育人员应注意以下几点。

（1）1～2 岁幼儿的食量波动较大，饮食习惯多变。养育人员应及时感知并恰当地回应幼儿发出的饥饿和饱足信号，充分尊重幼儿的进食意愿。幼儿不吃饭时，养育人员应耐心鼓励，一定不能强迫喂养。

（2）养育人员应为 1～2 岁幼儿提供安全、营养、多样化且与其发育水平相适应的食物，并尊重幼儿对食物的选择。对于幼儿不喜欢的健康食物，养育人员应灵活搭配，反复提供，并鼓励幼儿尝试。

育儿宝典

自主进食的团团

2 岁的团团长得胖乎乎的，开始学着自己吃饭了。一次，团团把饭吃完后，外公又给他盛了一碗，说："团团，再吃点，多吃饭，身体好。"团团说："外公，我吃饱了，吃不下了。"可团团外公还是想让团团再吃点，一直劝他说："再吃点吧，不然一会儿就该饿了。"

团团可以自主进食，并能准确地表达自己的意愿，团团外公应尊重团团的进食意愿，不应强迫团团多吃。同时，团团外公要注意避免给团团提供高热量的食物，否则可能增加团团患肥胖症的风险。

（二）创设合理的活动空间

1～2 岁幼儿的身体灵活性大幅提高，他们对周围的事物充满好奇心。因此，养育人员应为其创设合理的活动空间，提供合适的玩具，激发其探索欲和想象力。

1. 环境

养育人员应合理地布置活动空间、摆放活动玩具或材料等。例如，玩角色扮演游戏时，养育人员可以根据游戏主题设置不同的游戏场景，如"小医院""小超市""小餐厅"等，并配备相应的玩具和道具。同时，养育人员应在游戏过程中与幼儿进行积极的交流和互动，营造良好的游戏氛围，让幼儿体会到游戏带来的愉悦。

2. 玩具

玩具是 1～2 岁幼儿游戏的主要工具，养育人员应根据幼儿身心发展的特点及其需求提供合适的玩具。

（1）购买玩具。养育人员应为幼儿购买种类多样的玩具，并鼓励幼儿根据生活经验开展游戏。例如，养育人员可以购买拼图、积木、串珠等构造类玩具，画笔、画板、涂色书（见图 3-6）等美术类玩具，音乐盒、音乐公仔、音乐脚垫等音乐类玩具，玩具车、布娃娃、玩具碗筷等生活类玩具。为了保证幼儿的安全，养育人员一定要选择表面光滑、无尖锐边角、无毒无害的玩具。

（2）制作玩具。养育人员可以利用日常生活中的废旧物品，和幼儿一起制作玩具，这样既能培养幼儿的动手能力和想象力，又能增进与幼儿之间的感情。例如，养育人员可以利用废旧塑料瓶制作小花盆、小风铃等，利用废旧纸制品制作拼图、贺卡和小汽车等，利用废旧布料和绳子制作沙包、键子等。

图 3-6　涂色书

互 动 空 间

　　1.5 岁的宗宗拿到新买的玩具后，只玩了几天就失去了兴趣，反而对家里的遥控器、饮料瓶、纸盒子等常见物品爱不释手。

　　思考：除了遥控器、饮料瓶、纸盒子等物品，日常生活中还有哪些物品可以成为玩具呢？说说你的想法，并与同学们讨论交流。

　　此外，在条件允许的情况下，养育人员可以在室内放置一些占地面积较小的、适合幼儿的健身器材和设施，如健身球、小型滑梯等，供幼儿活动使用，同时在地面铺设泡沫板，以防幼儿摔伤。

（三）设计有趣的认知游戏

　　养育人员可以根据 1～2 岁幼儿认知发展的特点，设计一些既具有一定的挑战性、又没有超出幼儿能力范围的游戏，促进其认知能力的发展。下面列举 3 个适合 1～2 岁幼儿的认知游戏。

照镜子，认表情

1. 照镜子，认表情

　　游戏目标：认识五官，了解不同的面部表情，理解不同的情绪。

　　游戏准备：镜子、不同表情的人脸图。

　　游戏过程：

　　（1）养育人员让幼儿面对镜子，指着幼儿的五官一一介绍，让幼儿学习说眼睛、鼻子、嘴巴等。

　　（2）养育人员与幼儿面对面，先依次指自己的五官，一边指一边说出五官的名称，然后让幼儿模仿指认自己的五官。

（3）养育人员向幼儿展示不同表情的人脸图，告诉幼儿不同表情的名称。

（4）养育人员让幼儿面对镜子指认自己的五官，并引导幼儿一一做出与人脸图相同的表情。

2．水果配对

游戏目标：锻炼逻辑思维能力，认识不同的水果，区分不同的颜色。

游戏准备：若干成对的水果（如橘子、苹果、香蕉、草莓等）和几个篮子。

游戏过程：

（1）养育人员将所有水果放在桌子上，向幼儿介绍水果的名称和颜色，如"这是苹果，苹果是红色的""这是香蕉，香蕉是黄色的"等。

（2）养育人员进行示范，拿起两个同一种类的水果（如苹果），并将它们放到同一个篮子里。

（3）养育人员引导幼儿观察所有水果，告诉幼儿分配标准，如"把同一种类的水果放到同一个篮子里""把颜色相同的水果放到同一个篮子里"等，让幼儿自己进行分类和配对。

3．消失的物品

游戏目标：锻炼记忆力，培养解决问题的能力。

游戏准备：玩具熊、小皮球、布娃娃、毛绒兔子、玩具汽车等玩具。

游戏过程：

（1）养育人员与幼儿面对面坐在桌子两侧，将玩具摆放在桌子上。

（2）养育人员让幼儿一边指着玩具一边说出玩具的名称，并重复几遍。

（3）养育人员先让幼儿闭上眼睛，拿走其中一个或几个玩具，然后让幼儿睁开眼睛。

（4）养育人员先引导幼儿说出剩下玩具的名称，然后问："什么东西不见了呢？"，并让幼儿作答。

（四）提供良好的语言环境

1～2岁是幼儿语言发展的关键阶段，养育人员应为幼儿提供良好的听说环境和阅读环境，以促进其语言能力的发展。

1．听说环境

1）引导倾听

1～2岁幼儿对语音的感知经验不断丰富，语言理解能力也越来越强。养育人员可以为幼儿播放一些节奏欢快、内容简单的儿歌，吸引幼儿仔细聆听并跟唱，这不仅能提升幼儿的语音感知能力，还能培养其乐感和节奏感。同时，养育人员也可以为幼儿讲述一些童话故事，引导其学习新的词语和句子。在讲述故事时，养育人员要注意使用清晰、准确的语言，同时配以适当的表情和动作，以吸引幼儿的注意力。

2）鼓励表达

养育人员可以采用延迟满足的方法，鼓励幼儿主动表达。例如，当幼儿通过动作、表情等表示自己饿了时，养育人员不应马上为其提供食物，而应引导其用语言表达自己的需求，如边抚摸幼儿的肚子边问幼儿"宝宝的肚子一直在叫，是不是饿了，想吃什么呀？"，让幼儿主动说自己想吃什么。同时，养育人员还可以利用日常生活中的一切机会与幼儿进行交流，鼓励幼儿多说话。例如，在户外散步时，养育人员应引导幼儿说说自己所见到的各种事物。

3）规范语言

1～2岁幼儿的语言是不规范的，其常常发出一些重叠的音。因此，养育人员在日常生活中应使用规范的语言与幼儿进行交流。例如，看见汽车过来了，幼儿说"嘀嘀"，养育人员应说"汽车来了"；吃饭时间到了，幼儿说"饭饭"，养育人员应说"吃饭"。这样不仅能帮助幼儿规范语言表达，还能丰富幼儿的词汇量。

此外，养育人员可以用幼儿能理解的短句和简单的词汇向幼儿描述周围的一切，并经常对其提问，共同探讨各种事物，增强幼儿与人对话的兴趣。需要注意的是，1～2岁幼儿会有很多疑问，养育人员一定要认真对待，耐心回答，保护其好奇心。

育儿宝典

程程与"鸣气"

程程快满2岁了，但掌握的词汇量较少。他喜欢所有与车相关的玩具，如遥控汽车、回力车等。有一次，程程听到动画片里火车的汽笛声，就不停地模仿"鸣气鸣气"的声音。渐渐地，程程妈妈发现"鸣气"已经成了程程口中火车的代名词。

有一天，程程来到浴室，指着浴室的推拉门兴奋地叫"鸣气"，程程妈妈告诉程程："这不是鸣气，这是推拉门。"于是程程走过去将推拉门推来推去，继续大声地说："鸣气鸣气。"程程妈妈上前阻止，说："小心挤到手，要注意安全。"这时，程程又激动地跑到浴室窗前，继续大叫"鸣气"，并试图爬上椅子，去推窗户。

程程说的"鸣气"指代能沿着轨道移动的物体。程程妈妈应抓住词语输入的机会，把"轨道""推拉门""推拉窗"的名称一一告诉程程，从而引导程程学习新的词语，同时规范其语言表达。

2. 阅读环境

1）舒适、明亮的空间

养育人员可以找一个角落作为专门的阅读空间，放置一个高度合适的开放式书架，并在书架旁放置几个卡通软靠垫，营造舒适、温馨的环境。养育人员应保证阅读空间的光线充足、明亮，并为幼儿提供专门的小桌椅，方便幼儿自行翻阅图书。

2）丰富的阅读材料

丰富的阅读材料可以帮助幼儿扩展词汇量，强化语言理解与表达能力。养育人员应选择内容简单、图画生动、易于理解的绘本，并分类摆放。绘本的类型大致分为以下几种：① 故事类：童话故事、寓言故事、民间故事等；② 自然科学类：介绍植物、动物、人体等方面的科学知识；③ 社会科学类：介绍历史、文化、社会等方面的知识；④ 识字类：介绍拼音、汉字等知识。

需要注意的是，1～2 岁幼儿不能独立阅读，容易撕坏、咬坏书本。因此，养育人员应尽量选择硬板书、布书等，并与幼儿共读绘本，帮助其理解主要内容，引导其通过语言、肢体动作和表情等多种方式复述绘本中的内容。

（五）进行高质量的亲子陪伴

1～2 岁幼儿缺乏情绪调控与情感表达能力，容易因无法有效沟通与表达而出现愤怒、挫败等负面情绪。因此，养育人员应投入足够的时间和精力来关注和陪伴幼儿。

1. 扮演观察者和协助者

在与幼儿的日常相处中，养育人员应扮演观察者和协助者。

作为观察者，养育人员应留意幼儿的行为习惯、性格特点和智力发展等方面的变化，如幼儿是否活泼好动、爱哭闹、偏爱某些活动等，从而帮助他们养成良好的生活习惯，识别自身的兴趣爱好。

作为协助者，养育人员应持续关注幼儿遇到的问题，并协助其解决问题。例如，当幼儿在社交过程中遇到困难时，养育人员可以引导幼儿思考问题，鼓励幼儿积极沟通，从而增强其社交能力。

2. 理解情绪化行为

1～2 岁幼儿出现情绪化行为是很正常的，养育人员应予以理解，并采用适当的方法和手段引导他们调节情绪。

（1）理解性回应。养育人员应保持冷静，充分了解幼儿的真实情感和需求，并积极地给予理解性的回应，如"我在这里，你可以依靠我，我们一起来面对这个问题"等，以缓解其紧张情绪，增强其安全感。

（2）正面引导。养育人员应以平和、耐心的态度，用幼儿能理解的语言描述当下发生的事情，并通过提问的方式，如"你看起来有些不开心，能告诉我为什么吗？"等，鼓励幼儿充分表达自己的感受。待幼儿表达了自己的感受后，养育人员应与幼儿进行积极的沟通，并引导幼儿调节自身情绪。

模块二 2～3岁幼儿家庭教育指导

应用场景

排斥画画的昕昕

3岁的昕昕很喜欢画画，她经常用彩笔在纸上涂涂画画，并开心地向妈妈展示自己的画。然而，昕昕妈妈无法理解昕昕的画，因为这些画不是一堆乱麻一样的线条，就是无数个大小不同的圆圈。但是，昕昕给这些画取名"蚂蚁的家""恐龙乐园"等，还兴致勃勃地向妈妈介绍画里的树木、花朵、房子等。

昕昕妈妈看到昕昕对画画如此感兴趣，就想好好培养一下她。于是，昕昕妈妈按照自己的想法，开始教昕昕画动物和植物的简笔画，但昕昕完全不感兴趣，仍旧喜欢在纸上自由地涂涂画画。昕昕妈妈强行制止了欣欣，并且告诉她这样画画是不对的，画出来的根本不是画。

被妈妈强行制止几次后，昕昕开始排斥学习画画。渐渐地，昕昕对画画完全失去了兴趣，她不再触碰所有和画画有关的东西。

典型任务

一、信息获取

1．分析昕昕渐渐对画画失去兴趣的原因。

2．指出昕昕妈妈在教育昕昕的过程中存在的问题。

3．假如你是指导人员，你会从哪几个方面对昕昕妈妈进行指导？

二、实践记录

家庭教育指导记录表

姓名：　　　　　　性别：　　　　　　年龄：

养育人员：

指导人员：

指导时间：

指导内容：

指导难点：

问题记录：

思考与总结：

新手指导

一、2～3岁幼儿的发展特点

（一）身高与体重发展

2～3岁幼儿的身高与体重开始呈现出稳定增长的趋势，表现为身高每年平均增长约6厘米，体重每年平均增加约2千克。这一时期，幼儿的身体比例更加协调，体态更加挺拔。

（二）动作发展

1. 粗大动作发展

2～3岁幼儿的粗大动作发展不再像2岁之前那样有跨越式的发展，而是以巩固与熟练前期所掌握的动作为主。具体来讲，2～3岁幼儿能以较快的速度行走，并掌握跑步的基本技能。在跑步的过程中，他们能中途转换方向，也能随时停下来。同时，这一时期的幼儿能单脚站立，也能双脚离地腾空连续跳跃2～3次，还能双脚交替上下楼梯。

此外，2～3岁幼儿能够综合运用走、跑、跳、投掷等多种基础动作完成较为复杂的综合性运动，如打篮球、踢足球等。

2. 精细动作发展

2～3岁幼儿的精细动作迅速发展，他们能较为熟练地运用双手配合完成多种动作。具体来讲，2～3岁幼儿对手指的控制能力进一步提高，开始做出旋拧的动作，能转动门把手、拧开盖得不是很紧的瓶盖、打开糖果的包装纸等。同时，这一时期的幼儿掌握了涂鸦的能力，能用写字的姿势握住笔，并在纸上画竖线、横线和圆圈等。

此外，随着手部精细动作的发展，2～3岁幼儿的自理能力也有所增强，他们开始学习自主进食、穿脱衣物、洗漱、如厕等。

2～3岁幼儿精细动作发展里程碑

（三）认知发展

1. 感知觉发展

（1）视觉发展。2～3岁幼儿开始掌握颜色的名称，既能说出一些颜色的名称，也能正确辨别基本色，但难以辨别混合色。同时，他们还不能辨别同色系中明度不同的颜色，如粉红色、大红色、深红色等颜色。

（2）听觉发展。2～3岁幼儿能辨别一些较为复杂的节奏和旋律，并且开始理解音乐的情感色彩，如快乐、悲伤、恐惧等，甚至能参与音乐或舞蹈表演的活动，展示自己的音乐和舞蹈天分。

（3）触觉发展。2～3岁幼儿开始频繁地用手去触摸和摆弄物品，以感知物品的形状、纹理和温度等特征。

（4）形状知觉发展。2～3岁幼儿能识别并区分更加复杂的形状，如椭圆形和菱形，并且逐渐开始认识立体图形，如球体和方块。同时，幼儿喜欢将碎片组成自己熟悉的几何图形，开始玩一些简单的结构游戏，如拼图（见图3-7）等。

图 3-7 拼图

🌀 育儿小助手

2～3岁幼儿只能粗略地分辨不同的形状，不能感知相似形状之间的细微差别，如等腰三角形和直角三角形的差别。因此，他们有时会把拼图玩具错误地嵌到形状相近的地方。

（5）时间知觉发展。2～3岁幼儿形成了初步的时间概念，会模仿养育人员说一些关于时间的词汇，但他们并不理解这些词汇的含义，也无法理解计时工具的意义。例如，妈妈告诉幼儿时钟走到6点就可以看电视，于是幼儿便要求妈妈把时钟调到6点。

（6）方位知觉发展。方位知觉是指个体认识自身或物体所处位置和方向（如上下、左右、前后等）的知觉。一般来说，2～3岁幼儿逐渐能分清上与下、里与外的方位，但并未掌握具体的方位词。

2. 记忆发展

2～3岁幼儿的记忆以无意记忆为主，有意记忆开始萌芽。他们不仅能够回忆起几个月前发生过的事，也能记住养育人员委托的日常任务，复述听过的故事，背诵简单的古诗等。

育儿小助手

无意记忆是指没有预定目的、不需要意志努力的记忆，如记住经常走的路线。有意记忆是指有目的、需要付出意志努力的记忆，如记住数学公式。

3. 注意发展

随着年龄的增长，2～3岁幼儿注意的持续时间逐渐延长，注意力集中的时间可达到10分钟左右。但是，其注意力集中的时间会根据个体、活动性质等的不同而有所差别，如幼儿可以坚持看完时长30分钟的动画片，却难以坚持听完时长30分钟的故事。

2岁后，幼儿开始进入注意细小事物的敏感期，这个敏感期一直会持续到4岁。在这一敏感期，幼儿往往会注意许多细小的事物，如蚂蚁、小石子（见图3-8）、小纸屑等。例如，3岁的小米只要看到小石子，就会捡起来放进口袋里。

3岁时，幼儿的有意注意开始萌芽，但这种有意注意还处于初级状态，维持的时间十分短暂，并且需要养育人员不断提醒才能维持。

图3-8 小石子

知识视窗

如何应对幼儿注意细小事物的敏感期

当幼儿进入注意细小事物的敏感期时，养育人员可以参考以下几种做法，为幼儿提供适当的支持与引导。

1. 不要随意打断幼儿观察细小事物的活动

幼儿注意的稳定性较差，如果养育人员经常打断幼儿观察细小事物的活动，不仅会使幼儿分心，无法集中注意力，还会破坏他们探索世界的积极性。长此以往，幼儿可能会感到沮丧，甚至出现焦虑和愤怒等消极情绪。因此，养育人员应给予幼儿充分的支持和鼓励，让他们自由地探索和学习。

2．不要随意丢弃幼儿收集的细小事物

幼儿通常会收集一些自己感兴趣的细小事物，尽管这些细小事物可能既没有收藏价值也没有学习意义。养育人员可能不理解这种行为，但这是幼儿心理发展的必经阶段。遇到这种情况时，养育人员可以找一个盒子让幼儿专门存放自己收集的细小事物，并耐心地倾听幼儿讲述收集这些细小事物的原因，以帮助幼儿顺利度过这一阶段。

3．为幼儿提供一些细小事物

在日常生活中，养育人员不仅可以为幼儿提供一些细小事物，如小扣子、小珠子等，让幼儿自由地观察和探索，还可以与幼儿一起寻找并收集细小事物，通过互动来帮助幼儿更好地探索。

需要注意的是，部分细小事物可能有潜在的危险，如小药丸、干燥剂等。因此，养育人员应提高警惕，时刻留意幼儿的举动，以保证幼儿的安全。

4．思维发展

2～3岁幼儿的判断能力和推理能力进一步发展，他们开始运用已有的经验（如听到的、看到的）来思考问题，并且能用语言较为准确地表达自己的想法。例如，3岁的小明看见小亮拿着桃子吃，跑到家里对妈妈说："妈妈，我想吃桃子。"妈妈对小明说："没有卖桃子的。"小明说："有，小亮吃桃子了。"

2～3岁幼儿的分类能力也有所提升，他们开始按照正确的概念对事物进行分类，并且能概括出事物的本质特征，不再受事物外观的影响。例如，幼儿把马、麻雀、狗等归类为动物，把汽车、火车、飞机等归类为交通工具。

5．想象发展

随着生活经验的积累和语言的快速发展，2～3岁幼儿的想象开始从记忆材料的简单迁移和再现向创造性想象发展，如他们会把吸管想象成体温计、把笔想象成针管等。但是，他们想象的内容仍旧简单、匮乏，并且需要借助养育人员的提示才能很好地发挥创造性。

（四）语言发展

2～3岁是幼儿语言发展最为迅速的时期，他们对词汇、语音、语法的掌握均有显著的进步。首先，2～3岁幼儿掌握的词汇量大幅增长，对词义的理解能力迅速提高，基本上能理解成人所说的大部分话语。其次，2～3岁幼儿的语言发展进入完整句阶段，他们能够说出7～10个字的简单句子，并且逐渐从以简单句为主过渡到以复合句为主，疑问句也逐渐增多。最后，2～3岁幼儿可以在手势的引导下用语言描述简单的事情，同时保证语音基本正确、语法基本合乎规范。

（五）情绪情感与社会性发展

1．情绪情感表现

2岁后，幼儿会用语言表达自己的情绪情感，并开始尝试调节自己的情绪。例如，当幼儿遇到挫折或受到惊吓时，他们可能会通过深呼吸或幻想愉快的事情来平复自己的情绪。但是，他们控制情绪的能力还不够成熟，因此其情绪往往具有较大的波动性，可能前一刻还非常友好，下一刻就发脾气且大哭起来。此外，到了3岁，幼儿已经产生了尊重、友爱等20多种情感，道德感、理智感等高级情感也开始萌芽。

2．自我意识

2～3岁幼儿的自我意识迅速发展，开始进入心理上的"第一反抗期"。他们会经常与养育人员对着干，"不好""不要"这类词语变成了他们的口头禅。他们会有独立的愿望，虽然能力不强但是也要自己动手做。同时，他们开始懂得"我想做"和"我应该做"的区别，做错事后会脸红，感到羞愧。此外，这一时期的幼儿开始意识到他人的想法和自己的想法未必一样，并开始关注他人对自己的看法和评价。

3．社会交往

2～3岁幼儿开始主动与同伴一起玩耍，体验共同玩耍的乐趣。在玩耍的过程中，部分幼儿开始学会使用一些社交技巧来交友，与同伴发生互补行为和互惠行为。

互补行为是指一个人的行为能满足另一个人需求的做法。例如，2名幼儿在玩"超市购物"游戏时，一名幼儿扮演收银员，另一名幼儿会主动扮演顾客。互惠行为是指彼此的行为可以使双方获得更多好处的做法。例如，2名幼儿互相交换玩具，这样双方都可以玩更多不同的玩具。

二、2～3岁幼儿家庭教育指导策略

（一）培养良好的生活习惯

2～3岁幼儿开始学习生活自理，养育人员应引导幼儿独立完成日常生活中的一些活动，具体包括以下几个方面。

1．饮食

养育人员应鼓励幼儿自主进食，使其逐渐适应家庭的日常饮食，培养良好的饮食习惯，具体要求如下。

1）安排营养均衡的食物

2～3 岁幼儿摄入的食物种类和膳食结构接近但不等同于成人，养育人员应选择优质、易消化的食物，同时保证幼儿每天的饮食包括谷薯类、动物性食物、多种蔬菜水果及适量的植物油。这里参考中国营养学会推荐的学龄前儿童平衡膳食宝塔，列出了 2～3 岁幼儿每日膳食结构（见图 3-9）。

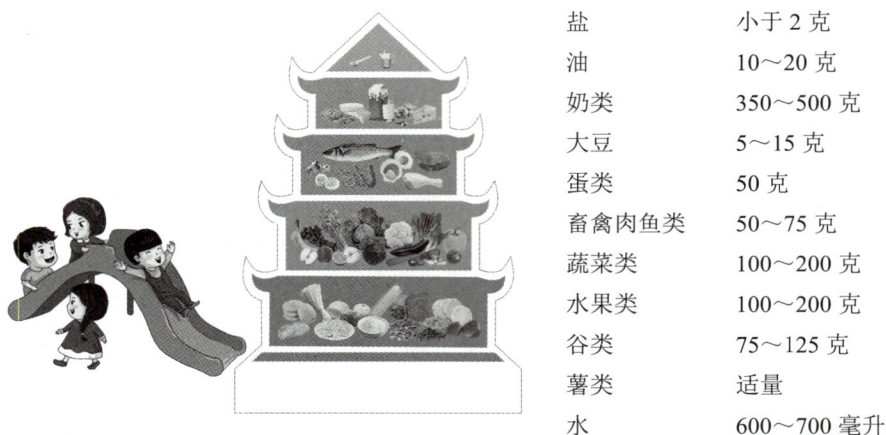

盐	小于 2 克
油	10～20 克
奶类	350～500 克
大豆	5～15 克
蛋类	50 克
畜禽肉鱼类	50～75 克
蔬菜类	100～200 克
水果类	100～200 克
谷类	75～125 克
薯类	适量
水	600～700 毫升

图 3-9　2～3 岁幼儿每日膳食结构

2）挑选合适的餐具

一般来说，餐具的大小和形状应以方便 2～3 岁幼儿握持为宜，餐具的材料应优质、无毒、环保，如不锈钢、硅胶、玻璃等。养育人员为 2～3 岁幼儿准备专用筷子时，应选择长度稍短、细圆、不易打滑的木筷或竹筷。

3）示范正确的持筷姿势

2～3 岁幼儿刚开始学习使用筷子时，姿势可能不太正确。养育人员应多做示范，耐心指导，帮助幼儿掌握正确的持筷姿势（见图 3-10），切不可急于求成，斥责幼儿，这样会挫伤幼儿学习使用筷子的积极性和自信心。

用拇指、食指和中指轻轻拿住筷子

拇指放在食指第一指关节处的旁边

筷子前端要对齐

无名指的指甲处垫住下面一根筷子

虎口外的筷子后端留约3厘米长的距离

图 3-10　正确的持筷姿势

4）养成专注进食的良好习惯

2～3岁幼儿的注意力不易集中，其在进食时易受周围环境的影响。养育人员应引导幼儿专注进食，具体可从以下几个方面入手。

（1）选择固定的就餐时间，让幼儿使用专用的桌椅及餐具。

（2）进餐时远离电视、游戏区，避免其他事物干扰幼儿。

（3）鼓励幼儿细嚼慢咽，但最好在30分钟内进餐完毕。

（4）禁止幼儿进餐时跑、跳、打、闹，特别是拿着餐具边跑边玩，并避免追逐喂食。

互 动 空 间

鸣鸣爷爷在客厅看电视，鸣鸣妈妈在客厅喂明明吃辅食。鸣鸣妈妈在喂饭时，鸣鸣爷爷在一旁把鸣鸣逗得"咯咯"笑。有时，鸣鸣还会盯着电视看，忘记把饭吞下去。

思考：这样的就餐环境对鸣鸣有什么影响？说说你的想法，并与同学们讨论交流。

知识视窗

婴幼儿食育

食育不仅有益于婴幼儿的身心健康，还能增进亲子关系。养育人员应开展食育，让婴幼儿感受、认识并享受食物，使其养成良好的饮食习惯，体验中华饮食文化。

1. 感受和认识食物

养育人员应适时引导婴幼儿感受食物，使其通过视觉、嗅觉、味觉、触觉、听觉等感知食物的色、香、味、质地，从而激发其对食物的兴趣，使其认识并接受多种食物。养育人员可以让婴幼儿观察或参与蔬菜播种、照料、采摘等过程，还可以让婴幼儿参与食物制作的过程。

2. 培养饮食习惯

养育人员应营造安静、温馨、轻松、愉悦的就餐环境，引导婴幼儿享受食物，使其逐步养成规律就餐、专注就餐、自主进食的饮食习惯。养育人员还应为婴幼儿选择健康食品，避免高糖、高盐和油炸食物。

3. 体验饮食文化

养育人员应培养婴幼儿的用餐礼仪，教导婴幼儿感恩食物，珍惜食物。在春节、元宵节、端午节和中秋节等传统节日期间，养育人员应引导婴幼儿体验中华饮食文化。

（参考资料：《国家卫生健康委办公厅关于印发托育机构婴幼儿喂养与营养指南（试行）的通知》，中华人民共和国国家卫生健康委员会官网，2022年1月10日）

2. 穿脱衣物

2～3岁幼儿学习穿脱衣物需要一个过程，养育人员应循序渐进地引导幼儿练习穿脱衣物，主要包括穿脱衣服、袜子和鞋子。

穿脱衣物

1）穿脱衣服

练习穿脱衣服时，最好选择宽松的套头卫衣、带拉链的外套等，不要选择带很多小扣子的外套，从而降低幼儿穿脱衣服的难度，增强幼儿的自信心。

穿套头的衣服时，先让幼儿将两只手臂分别伸进袖子里，再帮助他们把衣服套在身上，最后调整肩线和袖子。对于有拉链的衣服，要提醒幼儿拉上拉链。脱套头的衣服时，先让幼儿坐下来，并嘱咐其将两只手臂向上伸直，再让幼儿尽量往前弯腰，最后帮助其将衣服脱下来。对于有拉链的衣服，要提醒幼儿拉开拉链。

2）穿脱袜子

练习穿袜子时，先将袜子卷至仅剩下袜子前缘脚趾的部分，再引导幼儿将袜子套在脚上并往上拉。练习脱袜子时，引导幼儿先将拇指伸入袜子，将袜子脱到脚跟，再抓住脚尖的袜子往外拉。

3）穿脱鞋子

幼儿练习穿脱鞋子之前，应先学会区分鞋子的左右。养育人员应选择易于穿脱的鞋子，如魔术贴鞋子，避免选择有复杂鞋带或难以打开的扣子的鞋子。同时，养育人员可将一首简单的顺口溜教给幼儿："小朋友要牢记，我们穿鞋有顺序。头对头，穿对了，背对背，穿反了。"

练习穿鞋子时，先将魔术贴鞋子放在幼儿面前，指导幼儿打开魔术贴，帮助他们将双脚伸入鞋子中，再让其按紧魔术贴。练习脱鞋子时，先让幼儿坐在小椅子上，指导幼儿打开魔术贴，用手压住鞋后跟，将脚从鞋子里拔出来，再将鞋子摆放好，方便下次穿。

3. 洗漱

养育人员应引导幼儿独立使用牙刷、毛巾、洗手液等卫生用品来刷牙、洗脸和洗手。

（1）刷牙（见图3-11）。① 准备好软毛的儿童牙刷，挤上少量无氟儿童牙膏。② 让幼儿站在镜子前或坐在椅子上，养育人员以边讲解边示范的方式，引导幼儿将牙刷向上或向下倾斜45°来回移动，缓慢、轻柔地刷牙。③ 刷完牙后，让幼儿用水漱口，并吐出口中的水。

图3-11 幼儿独立刷牙

（2）洗脸。① 准备温水、洗脸毛巾、干毛巾等。② 让幼儿用温水浸湿洗脸毛巾，并将洗脸毛巾拧至不滴水的状态。③ 让幼儿闭上眼睛，先擦拭眼睛、鼻子、嘴巴，再擦拭额头、面颊、下颌，最后擦拭耳朵。④ 引导幼儿清洗用过的洗脸毛巾，并用干毛巾擦拭脸部。

（3）洗手。① 引导幼儿打开水龙头，简单冲洗双手，然后挤一点洗手液在手掌上，揉搓双手至起泡沫，并来回搓洗。② 让幼儿用流动的水冲洗掉双手的泡沫，确保无残留物质。③ 引导幼儿用纸巾或毛巾将双手擦干，并将废弃的纸巾丢进垃圾桶。

4. 如厕

养育人员应引导幼儿掌握独立如厕的基本技能，一般需要注意以下几点。

（1）创设安全、干净的如厕环境，确保幼儿感到放松和舒适。

（2）识别幼儿的排便信号，如扭动身体、捂住腹部蹲下等，并鼓励幼儿主动表达排便需求。

（3）为幼儿示范正确的如厕步骤，或通过使用提示图片、讲故事、玩游戏等方式，让幼儿学习正确的如厕方法，以及便后的清洁要点等。例如，让幼儿为布娃娃脱裤子、擦屁股、提裤子等。

（4）及时给予幼儿鼓励和表扬，激发他们自主如厕的兴趣和信心。

（5）在饭后、睡前、起床后等固定时间点提醒幼儿如厕，或根据幼儿的排便习惯制订一个合理的如厕时间表，帮助幼儿养成定时如厕的习惯。

育儿小助手

2～3岁幼儿彻底脱离纸尿裤需要一段时间，因此养育人员应保持耐心，给予其足够的时间，不要强迫幼儿。

在培养良好生活习惯的过程中，养育人员应引导幼儿遵循日常生活中简单的行为规则，如玩完玩具后要将其放回原位、脱鞋后不乱扔等，让幼儿按照规则完成具体的事，并不断地给予幼儿鼓励，帮助幼儿建立规则意识。

（二）安排多样的实践活动

2～3岁幼儿在思维、体能、动手能力等方面都有显著的发展，他们对事物充满了好奇心。因此，养育人员应安排形式多样的实践活动，为幼儿创造更多的探索机会。

1. 家务劳动

2～3岁幼儿有参与家务劳动的欲望。在日常生活中，养育人员可以适当地让幼儿做一些简单的家务劳动，如扫地、擦桌子、剥豆子等，也可以让幼儿协助晾晒衣服，还可以为幼儿准备一些小型的劳动工具（如小铲子），让其参与整理花盆、种花等家务劳动。在参与家务劳动的过程中，养育人员不仅可以教给幼儿一些生活技能，还可以培养幼儿的责任感、独立性和自信心。

2. 自然探索

2～3岁幼儿处于对环境和事物充满好奇心的阶段，他们渴望探索大自然的奥妙，养育人员应多带幼儿亲近大自然。

（1）发现自然。养育人员可以带幼儿到公园或野外进行游览和探索，也可以为幼儿安排野餐、露营等户外活动，引导他们观察大自然中的各种现象及其变化。

（2）探索自然。养育人员可以带幼儿在自然环境中玩水、玩沙子（见图3-12）、观察昆虫和植物等，也可以鼓励幼儿用泥土、干枝叶等自然材料创造艺术品和玩具。这些简单有趣的体验可以加深幼儿对大自然的印象，同时促进幼儿的语言、思维、创造力等的发展。

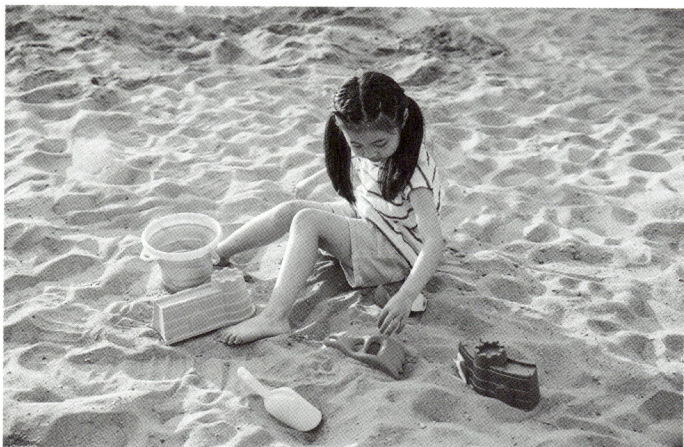

图3-12　幼儿玩沙子

（三）进行良好的语言训练

2～3岁是幼儿语言表达的爆发期，养育人员可以通过语言交流和亲子阅读来丰富幼儿的语言经验，提升幼儿的语言运用能力。

1. 语言交流

养育人员应多与幼儿进行面对面交流，或鼓励幼儿多与他人接触和交流，使幼儿在交流与对话中发展和丰富语言。

（1）语言复述。养育人员可以让幼儿模仿自己说话，复述自己的语言，也可以和幼儿一起做语言复述的游戏。例如，妈妈可以对幼儿说"今晚我们一起去公园"，然后让幼儿传话给爸爸。需要注意的是，要求幼儿复述的句子应从短到长，并且不必要求幼儿完整、准确地复述，可以让幼儿自由发挥，只需符合原句本意即可。

（2）进行提问。养育人员可以利用提问的形式，鼓励幼儿多表达，引导幼儿对事物的特征（如大小、颜色、形状等）进行描述，丰富幼儿的表达方式。例如，养育人员可以在户外活动时问幼儿"这是什么车开过去了？""前面走过来的是哥哥还是姐姐？""你看看今晚的月亮像什么？"等问题。同时，养育人员还可以鼓励幼儿主动提问，并耐心地回答幼儿的问题，使其乐于与人交流。

2. 亲子阅读

养育人员可以选择符合2～3岁幼儿发展规律及兴趣的绘本，并与幼儿一起阅读。在阅读时，养育人员可以结合幼儿的生活经验，引导他们简单复述部分或全部故事情节，如"故事里有谁，他们在干什么？""你最喜欢故事里的谁？"等，使幼儿在理解绘本内容的同时，获得更多的语言表达机会。

（四）引导幼儿学习控制情绪

2～3岁幼儿的自我控制能力尚在发展中，其情绪变化快，会突然从开心变得生气。因此，养育人员应引导幼儿学习控制情绪，避免其负面情绪爆发或持续时间过长。

养育人员可以仔细观察幼儿当下的情绪状态并教授其控制情绪的方法。例如，当幼儿因被同伴抢走玩具而生气大哭时，养育人员可以说："我知道你很生气，但是哭泣并不能解决问题，我们一起想办法好吗？"如果幼儿停止了哭泣，养育人员要对幼儿的良好行为予以表扬。

养育人员可以带领幼儿阅读一些有关情绪控制的绘本，让其学习绘本中人物控制情绪的方法。例如，绘本中的人物在生气时会通过深呼吸或向养育人员倾诉的方式来缓解自己的消极情绪。同时，养育人员可以结合故事内容对幼儿进行提问，如"小红在伤心时是怎么做的呢？"，以强化幼儿对不良情绪的控制能力。

此外，如果幼儿的情绪一直处于波动之中，养育人员可以引导幼儿转移注意力，如让幼儿观看喜爱的动画片、和幼儿一起唱歌等，以使其尽快忘记不愉快的事情。需要注意的是，养育人员应避免采取不恰当的方式处理幼儿的不良情绪，如过度指责、质疑幼儿的品德或伤害幼儿的自尊等。

（五）帮助幼儿做好入园准备

养育人员应给予幼儿足够的指导和支持，提高他们的社交能力，增强他们的自信心，为幼儿顺利进入幼儿园做好准备。

（1）养育人员在日常生活中应积极地使用礼貌用语，并示范给幼儿看，引导幼儿说"请""谢谢""对不起"等，使其学会主动与人打招呼。

（2）养育人员应教授幼儿简单的社交技能。养育人员可以与幼儿一起阅读关于朋友、家庭关系的绘本，并和幼儿一起模拟朋友间交往的场景，引导幼儿学习如何自我介绍、合理表达意见等。

（3）养育人员应为幼儿创造与同伴一起玩耍的机会，鼓励其主动与同龄人交往，并引导幼儿分享玩具和食物，提高幼儿的社交能力。

（4）养育人员应多倾听幼儿的心声，与幼儿进行情感沟通，培养其情感表达能力。例如，当幼儿分享自身经历时，养育人员应耐心倾听，让他们感觉被重视和爱护；当幼儿在社交过程中犯错误时，养育人员应先深入观察幼儿的行为，尝试理解其行为背后的动机，再耐心引导幼儿，帮助他们认识到错误及其行为对他人的影响，并找到正确的解决方法。

互 动 空 间

阳阳马上要上幼儿园了，但是阳阳妈妈一点准备都没做，她还说："到了幼儿园有老师在呢，不用怕。"

思考： 阳阳妈妈的做法正确吗？为什么？说说你的想法，并与同学们讨论交流。

经典咨询实例

咨询一　说脏话的豆豆

（一）咨询案例

2 岁的豆豆平时很懂礼貌。一天，在超市购物的时候，豆豆妈妈没有给豆豆买他想要的玩具，豆豆就不高兴地说了一句脏话。妈妈生气地问豆豆是从哪里学来的，但豆豆只是沉默以对，于是妈妈努力控制情绪并转移了话题。

回家后，妈妈喂豆豆吃红薯，豆豆礼貌地说："谢谢妈妈喂我吃红薯。"妈妈听了微笑着说："不客气，豆豆真是个懂礼貌的好孩子。"然后，妈妈提到了豆豆在超市说脏话的事情，并且给豆豆详细地解释了不能说脏话的原因。然而，豆豆理直气壮地说："可是爸爸和爷爷都说脏话，妈妈也没有生气啊。"妈妈一时间不知道该说什么，只是又告诉豆豆以后不可以说脏话。

（二）发现问题

豆豆妈妈发现豆豆说脏话后，先控制情绪、转移话题，待事后找到合适的时机再耐心地为豆豆解释不能说脏话的原因，这是正确的做法。豆豆的反驳表明他对妈妈的解释持怀疑的态度或不理解，因为豆豆的爸爸和爷爷说脏话且没有受到妈妈的制止或责备。如果家庭环境中存在不良的语言习惯，幼儿可能会认为这种行为是可以被接受的。

（三）指导建议

针对豆豆的反驳，豆豆妈妈可以通过讲故事等方式向豆豆强调文明、礼貌说话的重要性，并向豆豆的爸爸和爷爷说明不能说脏话的原因，在家中明确设定"不允许说脏话，否则会受到惩罚"的规则。同时，豆豆妈妈还可以请豆豆当家里的"文明用语监督员"，让他发现谁说脏话就立刻制止并实施一定的惩罚。此外，豆豆妈妈可以和豆豆一起商量，帮助豆豆找到更好的方式来表达他的不满，而不是说脏话。

（四）专家点评

幼儿说脏话常常是出于好奇的心理，或是无意识的模仿行为。当幼儿说脏话时，养育人员不应立即责骂、呵斥，而应尽量控制自己的情绪，耐心地与幼儿沟通，倾听幼儿的心声，找到问题的根源，并巧妙地运用转移话题、及时肯定、阐明原因、建立规则、赋予责任感等正面疏导的方法，将"对抗"变为"引导"，帮助幼儿树立正确的价值观和行为准则，使其逐渐养成良好的语言和行为习惯。

咨询二　闹腾的快快

（一）咨询案例

3岁的快快越来越喜欢捣乱，如故意推倒放在桌子上的水杯，把一包卫生抽纸全部抽出来，打开低矮的柜门并把里面的瓶瓶罐罐都弄出来……快快妈妈越不让快快乱动，快快就越要乱动。快快妈妈对此感到非常苦恼，不停地念叨："这是怎么了？快快以前挺乖的，现在怎么这么闹腾啊！"

（二）发现问题

快快捣乱的行为让人头疼，他似乎突然变成了"捣蛋鬼"。事实上，快快的这些行为说明他开始萌发"我"的意识，他已经知道"我"是一个单独的个体，"我"可以表达自己的想法，"我"可以按照自己的意愿做事，这种自我意识的萌发使他乐于积极地探索不同的事物。

（三）指导建议

首先，快快妈妈需要理解和接受快快的行为，明白快快不是故意捣乱，而是在当前发展阶段会出现的一种特殊行为。其次，快快妈妈应为快快提供安全的、丰富的玩具，以减少快快破坏物品的机会，并多带他参与户外活动，让他在大自然中尽情地探索。最后，快快妈妈应建立清晰的规则，帮助快快理解"捣乱"和"探索"是两种截然不同的行为，使其明白和遵守规则，从而培养快快的自我控制能力和规则意识。

（四）专家点评

2～3岁是幼儿探索和学习的重要阶段，他们对世界充满了好奇心，想要探究各种事物，并寻求独立自主的方法。对此，养育人员不仅要理解和包容幼儿的一些"捣乱"行为，还要为幼儿提供一个安全、充满探索机会的环境，让他们可以自由地探索。同时，养育人员还应积极引导幼儿，帮助幼儿建立良好的自我认知和管理能力。

咨询三　你不会

（一）咨询案例

一天，航航妈妈为3岁的航航买了一双新鞋，航航非常喜欢这双鞋，去哪儿都要穿上。几天后的早上，航航妈妈发现航航自己在刷洗那双鞋，于是与航航发生了以下对话。

航航妈妈："航航，你怎么自己在刷鞋子呀？"

航航："鞋子脏了，我想弄干净。"

航航妈妈："那我来帮你刷吧！你怎么能刷干净呢？"

航航："不，我喜欢这双鞋，我要自己把它刷干净！"

航航妈妈："你不会，你肯定刷不干净，到时候我还得费事再刷一遍。"

航航："我不要妈妈刷，我就要自己刷！"

航航妈妈无可奈何，只得任由航航自己刷鞋。

（二）发现问题

航航不仅自己动手刷鞋，还表达了自己想要亲自刷鞋的强烈意愿，这是积极的行为，显示了航航的责任感和自主性。然而，对于此，航航妈妈却直接否定航航，并试图阻止航航通过尝试新事物获得经验的机会，这不利于航航的健康成长。

（三）指导建议

航航妈妈应尊重航航的意见和想法，并给予积极的鼓励，可以对航航说："如果你想要自己刷鞋，那就试试看吧。我相信你有能力做好这件事情，如果你需要任何帮助，我都会在旁边帮助你。"此外，不管航航最终能否将鞋刷干净，航航妈妈都应赞扬其努力和勇气。

（四）专家点评

幼儿往往需要通过亲自体验来获得成长，其亲手做的事情越多，获得的经验和自信就越多。当幼儿想要体验新事物时，养育人员不应总是对幼儿说"你不会"，这种语言暗示会影响幼儿的心理，让幼儿认为自己真的不会并且放弃尝试新事物。因此，养育人员应给予幼儿足够的信任和支持，鼓励他们尝试新事物和挑战，以培养他们的自信心和独立性。

咨询四　妈妈，你是不是不喜欢我？

（一）咨询案例

涵涵妈妈带 3 岁的涵涵去买水果，涵涵兴高采烈地帮妈妈挑水果，水果店老板称赞道："你家宝贝真是又漂亮又能干，这么小就会帮妈妈的忙了。"听了老板的话，涵涵妈妈心里美滋滋的，说："哪有啊，在家调皮着呢！"涵涵听了很不开心，嘟着小嘴巴说："妈妈，你为什么总是批评我呢？你是不是不喜欢我？"妈妈听涵涵这么说，脑袋瞬间"嗡"了一下。

（二）发现问题

在和水果店老板的对话中，涵涵妈妈并不是故意要否认涵涵的优点或批评涵涵，而是在表达谦虚。但是，3 岁的涵涵还无法理解成人的复杂思维和社交方式，因此对于妈妈自谦的表达只会感到困惑和不开心，从而产生了妈妈不喜欢自己的想法。

（三）指导建议

对于水果店老板的称赞，涵涵妈妈应直接予以肯定的回应，并对涵涵表达进一步的肯定和鼓励。例如，涵涵妈妈可以说"谢谢您的夸奖，我也觉得涵涵很棒""是的，我家宝贝在家也经常帮我一起做家务"等。同时，涵涵妈妈也可以私下与涵涵沟通，解释自己那样回应的原因，并强调自己对涵涵的爱和支持，使涵涵能明白自己的真实想法。

（四）专家点评

2～3 岁幼儿正处于自我认同的关键期，会特别在意"我行吗？""你喜欢我吗？"，他们的自我价值感需要养育人员给予维护和提升。养育人员应尊重幼儿的感受，与幼儿建立良好的情感联系，帮助他们建立积极的自我认知和自信心，从而促进他们的成长和发展。

学以致用

综合测试

一　不定项选择题

1. 下列关于 1～2 岁幼儿认知发展的描述，不正确的有（　　　）。

　　A. 1～2 岁幼儿探索事物的方式以手的触觉为主，以口腔触觉为辅

　　B. 1～2 岁幼儿有了初步的判断能力和推理能力，开始通过"试误"的方式来寻找解决问题的方法

　　C. 1～2 岁幼儿开始进入注意细小事物的敏感期，会注意许多细小的事物

　　D. 1～2 岁幼儿不仅能够注意到自己，还开始注意周围的人及其活动

2. 1～2 岁幼儿断乳时，养育人员应注意（　　　）。

　　A. 确定合适的断乳时机　　　　　　B. 避免让幼儿与妈妈接触

　　C. 选择科学的断乳方法　　　　　　D. 避免反复的断乳过程

3. 为了减少烹饪过程中食物营养的流失，养育人员应选用（　　　）的烹调方式。

　　A. 蒸、煮　　　　　B. 煎、炸　　　　　C. 炒、烤　　　　　D. 腌、卤

4. 下列关于 2～3 岁幼儿动作发展的描述，正确的有（　　　）。

　　A. 2～3 岁幼儿能以较快的速度行走，并掌握跑步的基本技能

　　B. 2～3 岁幼儿能单脚站立，也能双脚交替上下楼梯

　　C. 2～3 岁幼儿对手指的控制能力进一步提高，开始做出旋拧的动作

　　D. 2～3 岁幼儿能用写字的姿势握住笔，并在纸上画竖线、横线和圆圈等

5. 2～3 岁幼儿家庭教育的指导策略包括（　　　）。

　　A. 培养良好的生活习惯　　　　　　B. 引导幼儿遵守规则

　　C. 安排多样的实践活动　　　　　　D. 进行良好的语言训练

6. 养育人员为 2～3 岁幼儿准备的专用筷子的特点不包括（　　）。

　　A．长度稍短　　　　　　　　　B．木制或竹制

　　C．细圆　　　　　　　　　　　D．粗圆

二　判断题

1. 到了 2 岁，幼儿的视力基本接近成人的正常水平。　　　　　　　（　　）

2. 1～2 岁幼儿的注意力很难长时间地集中在同一事物上，容易发生转移。（　　）

3. 针对 1～2 岁幼儿的情绪化行为，养育人员只要满足其所有的愿望即可。（　　）

4. 1～2 岁幼儿能综合运用走、跑、跳、投掷等多种基础动作完成较为复杂的综合性运动，如打篮球、踢足球等。　　　　　　　　　　　　　　　　　（　　）

5. 到了 3 岁，幼儿的道德感、理智感等高级情感开始萌芽。　　　　（　　）

三　简答题

1. 简述 1～2 岁幼儿家庭教育指导策略。

2. 简述 2～3 岁幼儿语言发展的特点。

3. 简述养育人员帮助 2～3 岁幼儿练习自主入睡的方法。

4. 简述养育人员应如何帮助 2～3 岁幼儿做好入园准备。

四　实践题

为了普及 1～3 岁幼儿家庭教育的相关知识，请全班学生以小组为单位，按照以下步骤完成"1～3 岁幼儿家庭教育咨询服务"的实践活动。

〔实践分组〕

全班学生以 4～6 人为一组进行分组，各组选出组长并进行任务分工，将小组成员及分工情况填入表 3-1 中。

表 3-1　小组成员及分工情况

班级		组号		指导教师	
小组成员	姓名	学号	任务分工		
组长					
组员					

〔实践步骤〕

（1）根据本次活动主题，利用互联网搜集并整理相关案例及资料。

（2）结合所学知识，并利用所搜集的案例和资料制作宣传材料（如图文展板、知识手册等）。

（3）在学校附近的社区内摆放图文展板，向 1～3 岁幼儿的家长发放知识手册，并向家长们介绍 1～3 岁幼儿的发展特点和家庭教育的基本内容。

（4）开展一对一咨询服务，利用所学知识解答家长在家庭教育中的疑惑，并根据实际情况为家长提供相应的解决方法或建议。

（5）开展咨询服务时，将咨询过程中的重要信息记录在表 3-2 中。

表 3-2　咨询记录表

具体问题	实际情况	解决方法或建议

〔实践成果〕

各组组长以 PPT 的形式在班级内展示本组咨询服务的过程和结果，并进行相应的解说。

学习评价

教师可以从基本知识、实践技能、综合素质、活动成果等方面对学生进行评价，请各位学生配合指导教师共同完成学习评价表（见表3-3）。

表3-3　学习评价表

班级		姓名		学号	
组号		指导教师		日期	
评价维度	评价标准		分值	评分	
				自评	师评
基本知识（20分）	熟悉1～3岁幼儿的发展特点		10		
	掌握1～3岁幼儿家庭教育指导策略		10		
实践技能（30分）	能够灵活运用1～3岁幼儿家庭教育指导策略		15		
	能够通过咨询发现1～3岁幼儿家庭教育存在的问题，并给予有针对性的指导		15		
综合素质（20分）	具有较强的分析能力		6		
	能够透过现象看本质，培养理性思维		8		
	具备严谨、求实的学习态度		6		
活动成果（30分）	搜集的资料真实、准确		6		
	提供的解决方法和建议有效且针对性强		10		
	PPT制作精美、图文并茂		7		
	解说富有条理		7		
合计			100		
总评	自评（30%）+师评（70%）=				
教师评语			教师（签名）：		

第四讲

智力障碍与精神障碍婴幼儿家庭教育指导与咨询

学习目标

知识目标

- 了解婴幼儿智力障碍的分级，熟悉智力障碍婴幼儿的特点。
- 了解婴幼儿精神障碍的分级，熟悉精神障碍婴幼儿的特点。
- 掌握智力障碍与精神障碍婴幼儿家庭教育指导策略。

技能目标

- 能够结合智力障碍与精神障碍婴幼儿的特点，有效运用家庭教育指导策略。
- 能够通过咨询发现智力障碍与精神障碍婴幼儿家庭教育存在的问题，并给予合适的指导。

素养目标

- 尊重智力障碍与精神障碍婴幼儿的个体差异。
- 具备较强的敏感性和观察力。

模块一 智力障碍婴幼儿家庭教育指导

📋 应用场景

某天，李老师发现2岁的小峰对简单的游戏指令没有反应，还经常发呆，于是与小峰妈妈发生了以下对话。

李老师： 您好，小峰妈妈，小峰最近有什么异常表现吗？

小峰妈妈： 小峰最近特别喜欢哭闹和乱扔玩具。

李老师： 那您尝试和他沟通过吗？

小峰妈妈： 我告诉小峰这样做不对，并且耐心地问他想要什么，为什么哭闹。但他好像完全没有听到，也没有任何反应。我想他是不是在耍性子，不想理我。

李老师： 如果小峰一直不与人沟通，建议您带他进行医学检查和评估，确保小峰的身心健康。

小峰妈妈： 好的，感谢您的建议，我会尽快带小峰去医院检查。

典型任务

一、信息获取

1. 分析小峰的异常行为。

2. 指出小峰妈妈在教育小峰的过程中存在的问题。

3. 假如你是指导人员，你会从哪几个方面对小峰妈妈进行指导？

二、实践记录

家庭教育指导记录表

姓名：   性别：   年龄：

养育人员：

指导人员：

指导时间：

指导内容：

指导难点：

_____

_____

_____

问题记录：

_____

_____

_____

思考与总结：

_____

_____

_____

新手指导

一、智力障碍婴幼儿概述

（一）婴幼儿智力障碍的分级

　　智力障碍是指婴幼儿的智力发展显著落后于同龄人一般水平，并伴有适应行为缺陷的病理状态。根据《残疾人残疾分类和分级》（GB/T 26341-2010），婴幼儿的智力障碍主要按发育商（DQ）进行分级。其中，发育商小于 72 的婴幼儿，可直接按发育商分级，发育商在 72～75 之间的婴幼儿，应按适应行为分级，具体如表 4-1 所示。

表 4-1　婴幼儿智力障碍的分级

分级	发育商（DQ）范围	适应行为
一级	≤25	极重度障碍
二级	26～39	重度障碍
三级	40～54	中度障碍
四级	55～75	轻度障碍

　　注：发育商（DQ）是衡量婴幼儿心智发展水平的核心指标之一，是结合婴幼儿在粗大动作、精细动作、认知、情绪情感和社会性发展等方面的发育情况对其进行的评价。

知识视窗

适应行为表现

极重度障碍：不能与人交流，不能生活自理，不能参与任何活动，身体移动能力很差；需要相关机构及养育人员提供全面的支持，全部生活由他人照料。

重度障碍：与人交往的能力差，生活方面很难达到自理，运动能力较差；需要相关机构及养育人员提供广泛的支持，大部分生活由他人照料。

中度障碍：能以简单的方式与人交流，生活方面能部分自理，能做简单的家务劳动，能参与一些简单的社会活动；需要相关机构及养育人员提供有限的支持，部分生活由他人照料。

轻度障碍：能生活自理，能承担一般性的家务劳动，对周围环境有较好的辨别能力，能与人交流和交往，能正常地参与社会活动；需要相关机构及养育人员提供间歇性的支持，一般情况下生活不需要由他人照料。

需要注意的是，单纯地依赖发育商测试结果来评估婴幼儿的智力水平是不充分的，必须结合家庭背景、学校教育、社会环境与支持等多种因素进行综合评估。

（二）智力障碍婴幼儿的特点

智力障碍婴幼儿的特点主要包括以下几个方面。

（1）身体发育异常。智力障碍婴幼儿可能有身体发育异常的情况，如面容特征异常（双眼斜吊、眼距过宽等）、动作或表情异常（吃手指、磨牙、张口、伸舌等）等。

（2）感知能力受限。智力障碍婴幼儿通常难以注意到周围的人和事物，对刺激反应迟钝甚至无反应，如不会主动追视、追听。

（3）记忆能力薄弱。智力障碍婴幼儿往往需要花费较多的时间和精力来记忆事物，且记忆效果不佳，他们可能忘记刚刚发生的事情，难以形成稳定的记忆。

（4）语言发展迟缓。智力障碍婴幼儿的语言发展明显滞后于同龄人，他们可能有发音不准、吐字不清、词汇贫乏、语法错误等问题，因此难以用语言完整、清晰地表达自己的想法。

（5）自理能力较差。智力障碍婴幼儿可能存在运动障碍，如肌张力异常、动作不协调等，因此无法独立完成洗脸、刷牙、穿衣等基本的生活自理活动。

（6）情绪波动较大。智力障碍婴幼儿的情绪极易受到外界环境的干扰和影响，表现出较大的波动性和不稳定性。同时，由于缺乏理性判断和思考能力，他们往往难以正确认识自己的情绪情感，也无法理解他人的情绪情感。

二、智力障碍婴幼儿家庭教育指导策略

（一）创造良好的生活环境

养育人员应为智力障碍婴幼儿创造一个安全、稳定且充满爱与支持的生活环境，并鼓励、包容和理解他们的行为和情绪情感表达，以促进他们的身心健康发展。

（1）养育人员应与智力障碍婴幼儿建立亲密的情感联系，通过眼神交流、微笑、亲切的语言、温柔的肢体动作[如拥抱、抚摸（见图4-1）]等，向智力障碍婴幼儿表达爱意和关怀，以增强他们的信任感和归属感。

图 4-1　抚摸

（2）当智力障碍婴幼儿完成简单任务、积极尝试新事物、主动与他人互动时，养育人员应及时给予他们肯定和鼓励，如口头表扬、小奖品等，以激发他们的自信心和积极性。

（3）养育人员应理解和包容智力障碍婴幼儿的不良情绪，如哭闹、乱发脾气等，并通过耐心地倾听、安抚和引导，帮助他们更好地处理这些不良情绪。

（二）进行有效的交流

养育人员应多与智力障碍婴幼儿进行交流，通过日常对话、故事讲述、游戏互动等来增加智力障碍婴幼儿语言输出的机会，促进他们语言能力和社交能力的发展。在与智力障碍婴幼儿交流时，养育人员应做到以下几点。

（1）养育人员应使用温柔、耐心的语气与他们说话，确保他们感受到安全和舒适，使他们愿意主动参与交流。

（2）养育人员应尽量使用简单明了的语言，避免使用复杂的词汇或过长的句子，并适当放慢语速，给予他们足够的时间来理解和反应，以免他们因语言理解和表达障碍而产生挫败感。

（3）养育人员应鼓励他们使用肢体语言，如用挥手表示再见、用点头表示同意等，帮助他们将动作与语言联系起来，从而更加准确地表达自己的意愿。

（4）养育人员应注视他们的眼睛，并注意观察他们的面部表情和手势，以更好地理解他们所表达的内容，从而给予恰当的回应。

（三）分解复杂的自理任务

智力障碍婴幼儿在学习生活自理技能时，通常很难观察、分析和记忆操作步骤，因此无法顺利完成日常生活中的各项自理任务。一般情况下，一项任务中往往包含着可分解的、具体的分任务。因此，养育人员可以分解复杂的自理任务，帮助智力障碍婴幼儿逐步掌握任务的要点和操作步骤，进而更好地完成整项任务，从而逐步提升他们的自理能力。

养育人员分解自理任务时，应先明确整项任务的目标，确保分解后的每个分任务都服务于这一目标，然后将任务细化为一系列具体的、可操作的步骤，同时确保步骤简单明了，便于智力障碍婴幼儿理解和执行。例如，刷牙这项自理任务可以分解为如下几个分任务（见表4-2）。

刷牙任务分解

表4-2 刷牙任务分解

序号	任务分解
1	向刷牙杯中加满水，拿起牙刷，将刷头浸湿
2	打开牙膏的盖子，挤适量的牙膏到刷头上，并喝水漱口
3	刷下排牙齿的外侧：使刷头与牙面成45°，顺着牙龈线上下轻刷下排牙齿
4	刷上排牙齿的外侧：使刷头与牙面成45°，顺着牙龈线上下轻刷上排牙齿
5	刷下排牙齿的咬合面：来回轻刷牙齿
6	刷上排牙齿的咬合面：来回轻刷牙齿
7	刷下排牙齿的内侧：将牙刷放在下排牙齿内侧牙龈处，从下往上或从上往下刷
8	刷上排牙齿的内侧：将牙刷放在上排牙齿内侧牙龈处，从下往上或从上往下刷
9	吐出牙膏沫，拿起刷牙杯，含水漱口，将漱口后的水吐出（重复数次，直至漱干净牙膏沫）
10	冲洗牙刷，将牙刷放回原处
11	冲洗刷牙杯，将刷牙杯放回原处
12	盖好牙膏的盖子，将牙膏放回原处

育儿小助手

不同智力障碍婴幼儿的能力起点不同，养育人员应根据他们的实际情况调整任务分解的难度和步骤。例如，在刷牙任务分解中，如果智力障碍婴幼儿的能力较弱，养育人员可以再次拆分某些分任务。

养育人员引导智力障碍婴幼儿执行自理任务时，应做到以下几点。

（1）示范引导。养育人员应通过示范和讲解，向智力障碍婴幼儿展示每个步骤的操作方法和注意事项，同时鼓励他们模仿和尝试。

（2）逐步练习。养育人员应引导智力障碍婴幼儿按照分解后的步骤逐步练习，他们每完成一个步骤，养育人员都应及时给予反馈和鼓励。对于难度较大的步骤，养育人员应鼓励智力障碍婴幼儿多次练习，直到他们熟练掌握为止。

（3）整合提升。在智力障碍婴幼儿掌握所有分任务后，养育人员应引导他们将各个步骤整合起来，尝试一次性完成整项任务。

（四）配合专业的治疗

智力障碍婴幼儿通常需要接受专业的治疗，养育人员应积极配合专业治疗机构及相关专业人员，确保为智力障碍婴幼儿提供适宜的支持和引导。

（1）接受专业的培训和指导。养育人员应积极参加专业治疗机构提供的培训课程，了解智力障碍婴幼儿的特点，并学会使用科学的康复训练方法，从而更好地照护智力障碍婴幼儿。

（2）协助治疗。养育人员应协助专业人员制订智力障碍婴幼儿的治疗方案，并引导智力障碍婴幼儿配合专业人员的治疗。

（3）及时反馈。养育人员应定期与专业人员沟通，及时反馈智力障碍婴幼儿的实际情况和需求，以及遇到的问题或困难，以获得专业的支持和帮助。

互 动 空 间

有的家长说："专业治疗机构的老师们接受过专业培训，我什么都不会，孩子也不听我的话，所以孩子的康复就完全靠他们了!"。

思考：这样的说法对吗？为什么？说说你的想法，并与同学们讨论交流。

模块二　精神障碍婴幼儿家庭教育指导

应用场景

生气的泽泽

　　3岁的泽泽经常表现得烦躁不安、没有耐心，有时还会做出一些异常行为，如反复洗手、无故哭闹等，这让泽泽父母感到十分苦恼。于是，泽泽父母带泽泽到医院检查，经诊断泽泽患有强迫症和焦虑症。

　　在医生的建议下，泽泽勇敢地接受了治疗。通过治疗，泽泽的症状虽然有所减轻，但仍无法完全消除。一天，泽泽突然无缘无故地发脾气，还乱砸家里的东西。泽泽妈妈担心刺激到泽泽，因此并没有制止他，而是在一旁默默地关注着他的动态。结果泽泽看到妈妈不理自己，更加生气了，开始大声哭闹，并在房间里乱跑。

典型任务

一、信息获取

1. 分析泽泽更加生气的原因。

2. 指出泽泽妈妈在教育泽泽的过程中存在的问题。

3. 假如你是指导人员，你会从哪几个方面对泽泽妈妈进行指导？

二、实践记录

家庭教育指导记录表

姓名： 　　　　　性别： 　　　年龄：

养育人员：

指导人员：

指导时间：

指导内容：

指导难点：

问题记录：

思考与总结：

新手指导

一、精神障碍婴幼儿概述

（一）婴幼儿精神障碍的分级

精神障碍是指婴幼儿的大脑机能活动发生紊乱，导致其认知、情绪情感、行为和意志等精神活动出现不同程度障碍的病理状态。常见的精神障碍包括精神分裂症、情感障碍（如抑郁症、躁狂症、双相情感障碍）、神经症（如焦虑症、强迫症、恐惧症）等多种类型。

育儿小助手

抑郁症患者一般表现为情绪低落、兴趣丧失、精力减退等；躁狂症患者一般表现为情绪高涨、精力充沛、言语增多等；双相情感障碍患者的表现是抑郁和躁狂两种症状交替出现。

根据《残疾人残疾分类和分级》（GB/T 26341-2010），婴幼儿的精神障碍主要按适应行为表现进行分级，具体如表4-3所示。

表4-3　婴幼儿精神障碍的分级

分级	适应行为	适应行为表现
一级	极重度障碍	生活方面完全不能自理，不与人交往，不能学习新事物；需要环境提供全面支持，生活长期、全部需要由他人监护
二级	重度障碍	生活方面大部分不能自理，基本不与人交往，只与养育人员简单交往，能理解养育人员的简单指令，能表达自己的基本需求，有一定的学习能力；需要环境提供广泛的支持，大部分生活需要由他人照料
三级	中度障碍	生活方面不能完全自理，可以与人简单交流；能独立完成简单任务，能学习新事物，但学习能力明显比同龄人差；能被动参与社交活动，偶尔能主动参与社交活动；需要环境提供部分的支持，部分生活需要由他人照料
四级	轻度障碍	生活方面基本能自理，但自理能力差；能与人交往，但体会他人情绪情感的能力较差，学习新事物的能力稍差；偶尔需要环境提供支持，一般情况下生活不需要由他人照料

（二）精神障碍婴幼儿的特点

精神障碍婴幼儿的特点主要包括以下几个方面。

（1）情绪不稳定。精神障碍婴幼儿的情绪可能在极短的时间内发生变化，如瞬间从快乐转为悲伤或愤怒，这种变化往往难以预测。同时，他们容易因为小事而哭闹或激动，情绪反应强烈且难以安抚。

（2）注意力不集中。精神障碍婴幼儿在参与活动或做事情时经常无法集中注意力，容易被周围环境中的微小变化所吸引。

（3）行为异常。精神障碍婴幼儿缺乏自我控制能力，可能会出现过度活跃、长时间静止不动、无休止的哭闹、随意摔打物品等异常行为。在极端情况下，他们甚至可能出现自伤或攻击他人的行为。

（4）睡眠存在问题。精神障碍婴幼儿的睡眠呈现不规律的状态，可能存在睡眠不足、睡眠质量差、夜间惊醒或白天昏昏欲睡等问题。

（5）社交困难。在社交场合中，精神障碍婴幼儿经常表现出退缩和抗拒的行为。他们可能不愿意与他人接触，或在与他人互动时显得笨拙和不自然，因此难以与他人形成良好的互动关系，这将进一步影响其社会适应能力和情感的发展。

二、精神障碍婴幼儿家庭教育指导策略

（一）给予足够的爱与关怀

了解并尊重精神障碍婴幼儿的个体差异和情感需求是非常重要的。养育人员应给予精神障碍婴幼儿足够的爱与关怀，为他们的健康成长提供有力的保障。

养育人员应注意观察精神障碍婴幼儿的行为，并尝试从不同的角度理解他们行为背后可能隐藏的需求，及时给予他们温暖的关怀，满足他们的情感需求，增强他们的安全感。这种安全感不仅有助于精神障碍婴幼儿的心理健康发展，还能促进他们与他人的积极互动。

同时，养育人员应始终以语言和行动表达对精神障碍婴幼儿的爱与关注，营造温馨、平等的相处氛围，并通过眼神交流（见图4-2）、拥抱、抚摸等亲密的互动方式，让他们感受到被爱和被重视，从而与他们建立更为深入的信任关系。这种信任关系有助于精神障碍婴幼儿敞开心扉，表达自己的真实感受和需求。

图 4-2　眼神交流

（二）培养规律的生活习惯

精神障碍婴幼儿由于行为的不连贯性和不稳定性，往往难以自行建立并维持规律的生活习惯，这为他们的身体健康、心理发展及日后的自我管理能力带来了诸多挑战。养育人员应采取一系列措施，帮助他们建立并巩固规律的生活习惯。

（1）制订个性化计划。养育人员应根据精神障碍婴幼儿的具体情况，制订个性化的生活作息计划，引导婴幼儿按时进食、睡觉、起床等，帮助他们建立规律的生活习惯。

（2）建立固定信号。养育人员应利用固定的感官信号来帮助精神障碍婴幼儿识别并适应日常活动的转换，如使用特定的音乐来提示吃饭时间、睡觉时间等，使他们逐渐理解并遵循日常生活规律。

（3）正面激励与引导。在精神障碍婴幼儿完成一定的生活自理任务时，养育人员应及时给予其正面的反馈和奖励，以增强他们的成就感和积极性。若他们无法完成，则养育人员应耐心引导并积极鼓励精神障碍婴幼儿，以帮助他们建立信心。

（4）提高自我管理能力。随着精神障碍婴幼儿对生活习惯的逐渐适应，养育人员可以逐步增加他们参与自我管理活动的机会和难度，如鼓励他们自己选择餐具、整理玩具等，以培养他们的责任感和独立性。

（三）开展有趣的互动活动

养育人员应适当地开展一些具有互动性和趣味性的活动，如讲故事、玩游戏（见图 4-3）、唱歌、跳舞等，以提高精神障碍婴幼儿的表达欲望、情绪管理能力和社交能力。

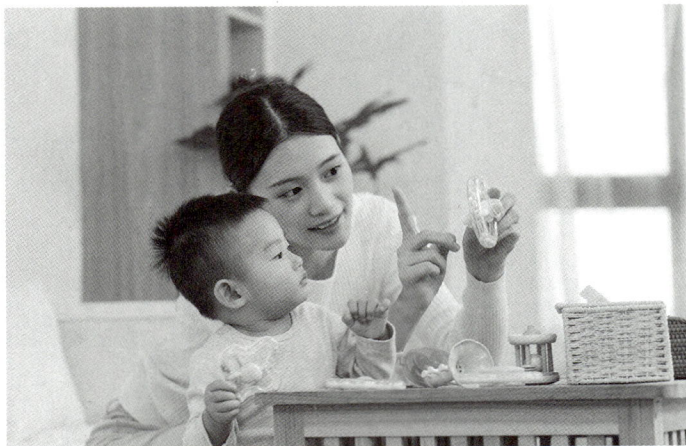

图 4-3　玩游戏

在互动的过程中，养育人员应耐心地观察精神障碍婴幼儿的表现，通过倾听、询问等方式引导他们进行自我表达和情绪释放，了解他们的需求和困扰，并给予他们指导和鼓励，帮助他们克服障碍，享受活动的乐趣，从而增强他们的自信心和积极性。

知识视窗

养育人员的心理健康

精神障碍婴幼儿的异常表现往往会给养育人员带来巨大的心理压力和挑战，而养育人员的心理状态对精神障碍婴幼儿的成长与发展同样具有很大的影响。因此，养育人员应学会调节自身的情绪和压力，保持身体健康，具体可以参考以下几点。

（1）自我保健。养育人员可以通过做运动、听音乐、散步或冥想等进行自我放松，以释放压力，维持自身的乐观状态。

（2）培养兴趣爱好。养育人员可以培养一些兴趣爱好，如阅读、画画等，并从中寻找生活的乐趣，从而缓解自身的焦虑和压力。

（3）寻求专业的帮助。养育人员陷入困惑时，可以寻求心理医生或其他专业人员的支持和帮助，以更快地走出困惑。

（四）配合专业的精神治疗

专业的精神治疗对于精神障碍婴幼儿的健康成长与发展至关重要。养育人员应积极寻求专业人员（如专业医生、心理治疗师等）的指导和建议，了解精神障碍婴幼儿的病理特点、治疗原则、照护注意事项等，并在治疗过程中严格按照专业人员的指导进行操作，积极配合专业人员完成各项治疗工作，确保治疗的连续性和有效性。同时，养育人员还应注意观察精神障碍婴幼儿在治疗过程中的反应和变化，并及时向专业人员反馈遇到的问题，以便有效推进治疗进程。

此外，由于精神障碍婴幼儿在成长过程中会不断发生变化，因此治疗方案需要根据其实际情况进行动态调整。养育人员应定期与专业人员进行沟通，告知其精神障碍婴幼儿的康复情况，包括症状改善、行为变化、心理状态等，以帮助专业人员调整和优化治疗方案，从而帮助精神障碍婴幼儿尽快重获健康，实现全面发展。

育儿宝典

自闭的小雨

2 岁的小雨被诊断为患有轻度自闭症谱系障碍（ASD）。这一诊断对小雨的家庭来说犹如一道晴天霹雳，小雨父母不知道该如何照护和教育小雨。

在专业机构的指导下，小雨父母逐渐掌握了一些有效的照护和教育小雨的方法。首先，他们约定尽量避免争吵和冲突，营造温暖、和谐的家庭氛围，让小雨感到安全和被包容。其次，他们积极引导并帮助小雨进行语言训练、社交能力训练、行为治疗等。最后，他们定期参加专业机构组织的培训或讲座，以获取最新的教育理念和方法，同时加入相关的组织或社群，与其他有类似经历的家长交流经验和心得。

在专业机构和小雨父母的帮助下，小雨的病情逐渐好转，她正在向着更加健康、积极的生活状态迈进。小雨的治疗过程虽然充满了起伏和挑战，但取得的每一点进步都是宝贵的。

如何辨别婴幼儿自闭症早期症状？

经典咨询实例

咨询一　不说话的明明

（一）咨询案例

> 明明自出生起便展现出活泼好动的天性，他喜欢通过肢体动作与家人互动。然而，到了 2 岁，明明仍无法稳定地行走，也不会说话，只能发出一些简单的音节，并且无法理解简单的指令。
>
> 面对明明的这些状况，明明妈妈十分着急，便决定增加与明明的交流频率，设法让明明学会说话，同时对明明实施一些行走与慢跑训练。然而，经过一段时间的努力后，明明不但没有好转，反而不愿意开口说话了，也不喜欢和妈妈交流，这让明明妈妈深感忧虑与不解。于是，明明妈妈带着明明到医院检查，经诊断明明患有轻度智力障碍。

（二）发现问题

> 明明妈妈在发现明明的发育落后于同龄人后，表现出的关心和陪伴是非常值得肯定的。但是，明明妈妈单凭自己的经验就独自训练明明是有风险的。明明妈妈不仅不清楚明明问题的根源所在，无法"对症下药"，而且她实施的那些训练可能会使明明感受到压力，从而产生抵触情绪。这种情绪反应导致明明不愿意说话，还不喜欢与人交流。这不仅不利于明明的身体发展，还会影响他的心理健康。

（三）指导建议

> 明明妈妈在发现明明发育落后时，应及时寻求专业机构的帮助，通过专业的评估和诊断来明确明明的问题所在，并在专业人员的指导下制订科学合理的干预计划，帮助明明进行康复训练。同时，明明妈妈还应关注明明的心理健康，营造温馨、包容的家庭环境，给予明明充分的关爱与支持，助力明明健康成长。

（四）专家点评

对于智力障碍婴幼儿来说，科学的早期干预是至关重要的，及时的康复训练可以最大限度地帮助他们恢复健康。养育人员应正确看待智力障碍婴幼儿的个体差异，并积极参与、支持智力障碍婴幼儿的康复训练，帮助他们巩固训练成果。

咨询二　无法冷静的汤汤

（一）咨询案例

汤汤 3 岁了，她活泼好动，但总是无法控制自己的"怪情绪"，经常无缘无故地乱发脾气，并且很难被哄好。一次，汤汤突然"砰"的一声猛推开门，怒气冲冲地进入房间。汤汤爸爸看到后一时心急，大声说道："汤汤，你这是干什么？怎么这么没礼貌，不能好好开门吗？"汤汤听了大声喊道："不，就不，我不要听你说话！"接着就开始大声哭闹。汤汤爸爸意识到自己的语气太重了，就走到汤汤身边说："对不起，汤汤，爸爸不是故意的，你为什么这么生气呢？"然而，汤汤还是哭闹不止，不愿意理爸爸。

汤汤妈妈了解到具体的情况后，温柔地安慰汤汤，说："宝贝，妈妈知道你现在心里很不舒服，你想说说怎么了吗？"汤汤躲进了妈妈的怀抱中，但仍旧哭个不停。汤汤这样哭闹过几次后，汤汤父母决定带着汤汤到医院检查，后经诊断汤汤患有躁狂症。

（二）发现问题

面对汤汤突如其来的负面情绪，汤汤爸爸没有及时安慰她，而是斥责她。因此，虽然汤汤爸爸道歉了，但汤汤不再信任爸爸。汤汤妈妈没有指责和制止汤汤，而是用亲切的询问和拥抱，让汤汤感到其情绪是被重视、被接纳、被理解的。然而，汤汤虽然接受了妈妈的拥抱，但依旧没有停止哭泣，其情绪并未平复，表明其情绪调节能力显著不足。汤汤的这些表现不仅仅是"怪情绪"，而可能是躁狂症的早期表现。

（三）指导建议

汤汤父母应为汤汤提供足够的关怀、支持和理解，同时注意观察汤汤的行为和情绪变化，以便了解汤汤的需求并及时给予帮助和指导。此外，汤汤父母还应及时寻求专业人员的帮助，使汤汤得到专业的治疗，以促进汤汤的康复。

（四）专家点评

当精神障碍婴幼儿的情绪被正确识别后，他们往往会感到被理解和接纳，这种情感上的支持能够使他们更容易从负面情绪中走出来。因此，养育人员应始终保持高度的责任心和敏感度，时刻关注精神障碍婴幼儿的情绪状态，以更加耐心和包容的心态去引导他们学习识别、接纳、管理自己的不同情绪，帮助他们建立健康的情绪表达方式，并及时给予必要的支持和干预。

学以致用

综合测试

一 不定项选择题

1. 在与智力障碍婴幼儿交流时，养育人员应（   ）。
   A．鼓励他们使用肢体语言，帮助他们将动作与语言联系起来，从而更加准确地表达自己的意愿
   B．注视他们的眼睛，并注意观察他们的面部表情和手势，以更好地理解他们所表达的内容，从而给予恰当的回应
   C．尽量使用简单明了的语言，并适当放慢语速，给予他们足够的时间来理解和反应，以免他们因语言理解和表达障碍而产生挫败感
   D．使用温柔、耐心的语气与他们说话，确保他们感受到安全和舒适，使他们愿意主动参与交流

2. 常见的精神障碍包括（   ）。
   A．精神分裂症   B．双相情感障碍
   C．焦虑症   D．反射障碍

3. 精神障碍婴幼儿的特点不包括（   ）。
   A．情绪不稳定   B．注意力不集中
   C．社交困难   D．感知能力较好

4. 养育人员帮助精神障碍婴幼儿建立并巩固规律的生活习惯时，应做到（   ）。
   A．制订个性化计划   B．建立固定信号
   C．正面激励与引导   D．强制改变行为

二 判断题

1. 智力障碍婴幼儿往往需要花费较多的时间和精力来记忆事物，且记忆效果不佳。
（　　）

2. 智力障碍婴幼儿在学习生活自理技能时，通常很难观察、分析和记忆操作步骤，因此无法顺利完成生活中的各项自理任务。（　　）

3. 根据发育商测试结果，即可准确地评估婴幼儿的心智发展水平。（　　）

4. 精神障碍婴幼儿虽然缺乏自我控制能力，但不可能出现攻击他人的行为。（　　）

5. 由于精神障碍婴幼儿在成长过程中会不断发生变化，因此治疗方案需要根据其实际情况进行动态调整。（　　）

三 简答题

1. 简述智力障碍婴幼儿的特点。
2. 简述智力障碍婴幼儿家庭教育指导策略。
3. 简述精神障碍婴幼儿家庭教育指导策略。

四 实践题

全班学生以小组为单位，对智力障碍与精神障碍婴幼儿家庭的状况进行调研，并按照以下步骤完成本次"为智力障碍与精神障碍婴幼儿家庭制作一份指导方案"的实践活动。

〔实践分组〕

全班学生以 4～6 人为一组进行分组，各组选出组长并进行任务分工，将小组成员及分工情况填入表 4-4 中。

表 4-4　小组成员及分工情况

班级		组号		指导教师	
小组成员	姓名	学号	任务分工		
组长					
组员					

〔实践步骤〕

（1）选择学校附近的社区，调查与统计不同智力障碍与精神障碍婴幼儿家庭，了解智力障碍与精神障碍婴幼儿家庭的基本情况。

（2）选择3～5个具有代表性的智力障碍与精神障碍婴幼儿家庭进行深入调查，搜集并整理相关资料（包括但不限于智力障碍与精神障碍婴幼儿的状况、家庭环境、家长的教育方式等）。

（3）根据整理的资料，结合所学知识分析、评估智力障碍与精神障碍婴幼儿家庭在教育方面存在的问题。

（4）根据评估结果，结合智力障碍与精神障碍婴幼儿的特殊需求制作一份具有针对性的指导方案，将指导措施、建议等填入表4-5中。

表4-5　智力障碍与精神障碍婴幼儿的家庭教育指导方案

智力障碍与精神障碍婴幼儿的状况	家长在教育过程中存在的问题	指导措施	建议

〔实践成果〕

各组组长以PPT的形式在班级内展示本组的指导方案，并进行相应的解说。

学习评价

教师可以从基本知识、实践技能、综合素质、活动成果等方面对学生进行评价，请各位学生配合指导教师共同完成学习评价表（见表4-6）。

表4-6 学习评价表

班级		姓名		学号	
组号		指导教师		日期	
评价维度	评价标准		分值	评分	
				自评	师评
基本知识（20分）	了解婴幼儿智力障碍的分级，熟悉智力障碍婴幼儿的特点		5		
	了解婴幼儿精神障碍的分级，熟悉精神障碍婴幼儿的特点		5		
	掌握智力障碍与精神障碍婴幼儿家庭教育指导策略		10		
实践技能（30分）	能够结合智力障碍与精神障碍婴幼儿的特点，有效运用家庭教育指导策略		15		
	能够通过咨询发现智力障碍与精神障碍婴幼儿家庭教育存在的问题，并给予合适的指导		15		
综合素质（20分）	具有较强的分析能力		6		
	能够透过现象看本质，培养理性思维		8		
	具备严谨、求实的学习态度		6		
活动成果（30分）	搜集的资料真实、准确		6		
	指导方案内容全面、针对性强		10		
	PPT制作精美、图文并茂		7		
	解说富有条理		7		
合计			100		
总评	自评（30%）+师评（70%）=				
教师评语			教师（签名）：		

第五讲

感觉障碍与肢体障碍婴幼儿家庭教育指导与咨询

学习目标

知识目标

- 了解婴幼儿视觉障碍的分级，熟悉视觉障碍婴幼儿的特点。
- 了解婴幼儿听觉障碍的分级，熟悉听觉障碍婴幼儿的特点。
- 了解婴幼儿肢体障碍的分级，熟悉肢体障碍婴幼儿的特点。
- 掌握感觉障碍与肢体障碍婴幼儿家庭教育指导策略。

技能目标

- 能够结合感觉障碍与肢体障碍婴幼儿的特点，有效运用家庭教育指导策略。
- 能够通过咨询发现感觉障碍与肢体障碍婴幼儿家庭教育存在的问题，并给予合适的指导。

素养目标

- 乐于对感觉障碍与肢体障碍婴幼儿的身心发展进行全方位探索，注重培养其各方面能力。
- 坚持知行合一，用实际行动诠释责任之心、仁爱之心。

模块一　视觉障碍婴幼儿家庭教育指导

应用场景

闷闷不乐的晨晨

2岁的晨晨高烧了好几天，由于症状初期未被父母及时察觉，晨晨的视神经遭受了严重损害，眼睛几乎失明。这一突如其来的变故让晨晨父母深陷自责与痛苦之中，他们决心以更加细致入微的照顾来弥补对晨晨的亏欠。为了确保晨晨的安全，晨晨父母严格限制他的活动范围，几乎不让他踏出家门一步。

日复一日，晨晨经常独自一人坐在窗前，耳畔传来外面小朋友们玩耍嬉戏的欢笑声，那份热闹仿佛与他隔了一个世界。晨晨变得越来越沉默，有时会长时间地发呆，不言不语，也不理会父母，有时会突然莫名其妙地发脾气。

典型任务

一、信息获取

1. 分析晨晨行为异常的原因。

2. 指出晨晨父母在教育晨晨的过程中存在的问题。

3. 假如你是指导人员，你会从哪几个方面对晨晨父母进行指导？

二、实践记录

家庭教育指导记录表

姓名：　　　　　　　　性别：　　　　　　　年龄：

养育人员：

指导人员：

指导时间：

指导内容：

指导难点：

问题记录：

思考与总结：

新手指导

一、视觉障碍婴幼儿概述

（一）婴幼儿视觉障碍的分级

视觉障碍是指婴幼儿的双眼视力低下且不能矫正或双眼视野缩小，以致影响日常生活和社会参与的病理状态。

视觉障碍包括盲、低视力两类。根据《残疾人残疾分类和分级》（GB/T 26341-2010），婴幼儿的视觉障碍按最佳矫正视力与视野半径可分为四级。其中，盲为视觉障碍一级和二级，低视力为视觉障碍三级和四级，具体如表 5-1 所示。

表 5-1　婴幼儿视觉障碍的分级

类别	分级	最佳矫正视力与视野半径
盲	一级	最佳矫正视力<0.02，或视野半径<5°
	二级	0.02≤最佳矫正视力<0.05，或视野半径<10°
低视力	三级	0.05≤最佳矫正视力<0.1
	四级	0.1≤最佳矫正视力<0.3

育儿小助手

视觉障碍均以双眼视力为准，若双眼视力不同，则以视力较好的一只眼为准。若仅有单眼为视觉障碍，而另一只眼的最佳矫正视力达到或优于 0.3，则不属于视觉障碍范畴。

最佳矫正视力是指佩戴相应度数的眼镜后能够达到的最好视力。视野以注视点为中心，视野半径小于 10°者，不论其视力如何均属于盲。最佳矫正视力与视野半径都需要在眼科医生、验光师或其他专业人员的指导下进行测量。

（二）视觉障碍婴幼儿的特点

视觉障碍婴幼儿的特点主要包括以下几个方面。

（1）视觉反应迟钝或无反应。视觉障碍婴幼儿对视觉刺激的反应不敏锐或无反应，他们通常不会朝有亮光的方向看，对光的亮度变化、颜色的对比等没有明显的感知。

（2）感知不完整、不准确。视觉障碍婴幼儿通常较多地依赖听觉和触觉来感知周围环境和获取信息，如通过听声音来判断其来源、通过用手触摸物品来感知其特征等。但是，这两种感知方式具有一定的局限性。因此，视觉障碍婴幼儿常常无法全面、准确地了解事物的各种特征，容易形成不完整、不准确的认识。

（3）语言发展受阻。视觉障碍婴幼儿由于缺乏视觉刺激和形象记忆的支持，通常会出现发音不清、词汇量少、语言理解困难等问题。

（4）社交能力受限。视觉障碍婴幼儿由于视觉缺陷，无法通过眼神、面部表情及其他非语言沟通方式等与他人进行交流。

（5）动作发展迟缓。视觉障碍婴幼儿无法很好地通过视觉来接收和处理信息，因此其动作发展会相对迟缓，如迟迟不会爬、坐、站、走等。

（6）部分行为异常。视觉障碍婴幼儿往往会有一些异常行为，如不自觉地摇晃身体、摆动头部或手臂等，这些行为是他们感知周围环境的一种方式。

二、视觉障碍婴幼儿家庭教育指导策略

（一）创设安全的生活环境

养育人员应为视觉障碍婴幼儿提供安全、舒适的生活环境，以便其能够积极地进行探索和学习，具体包括以下几个方面。

（1）防护设施。养育人员应安装防护设施，如护栏、安全门、窗户锁等，防止视觉障碍婴幼儿不慎跌落或走失。其中，安全门应配备易于操作但又能防止视觉障碍婴幼儿误开的锁具，如图 5-1 所示。

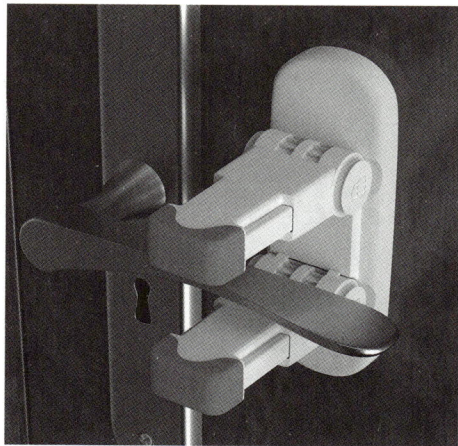

图 5-1　防止视觉障碍婴幼儿误开的锁具

（2）家具。养育人员应选择平滑、无尖锐棱角的家具，或用软包装材料包裹家具的边角，并且在沙发、座椅等家具上铺上质地柔软的垫子。此外，养育人员在布置家具时应留出足够的活动空间，避免摆放无用的家具及其他杂物等，以降低视觉障碍婴幼儿的碰撞

风险。

（3）餐具。养育人员应选择塑料或金属等不易碎材质的、有防滑握柄的餐具，以便视觉障碍婴幼儿自己抓取和使用，同时定期检查餐具是否有破损，确保使用安全。

（4）位置。养育人员应将常用物品放置在固定的位置，如纸巾、玩具等，并告知视觉障碍婴幼儿这些常用物品的位置。如果必须移动常用物品的位置，那么养育人员应事先告知视觉障碍婴幼儿，并带他们熟悉新的位置。

（5）标记。养育人员应对一些日常用品进行标记，标记的颜色和形状应鲜明、突出，以便视觉障碍婴幼儿进行识别。此外，养育人员可以在门把手上贴上不同形状的凸起标志，并在门上安装声音提示器，帮助视觉障碍婴幼儿熟悉不同的空间。

（6）照明。养育人员应提供符合视觉障碍婴幼儿需求的照明条件，确保所有活动区域都有充足的光线，但要避免强光直射他们的眼睛。例如，养育人员可以使用可调节亮度的灯具，以适应不同活动和时间的需要。

除上述措施之外，养育人员还应随时关注视觉障碍婴幼儿的行动，以便及时发现并处理安全问题，从而保证他们的安全和健康。

互 动 空 间

在家庭环境中，视觉障碍婴幼儿还需要哪些特别的关爱和照顾？说说你的想法，并与同学们讨论交流。

（二）养成规律的作息习惯

养育人员应引导视觉障碍婴幼儿养成规律的作息习惯，以培养他们的时间意识，提高他们的生活自理能力，助力他们的成长与发展。

养育人员可以为视觉障碍婴幼儿制订一份详细的作息计划，包括起床、吃饭、玩耍、休息、睡觉等环节，确保其每天的各项活动都有固定的时间安排，并尽量让他们在固定的时间做固定的事情。同时，养育人员还可以利用闹钟或计时器来设置各项活动的开始和结束时间，或者使用特定的音乐来代表不同的活动，如起床音乐、进餐铃声等，让视觉障碍婴幼儿清晰地感知到时间的流逝和活动的间隔，进而识别不同的活动阶段，从而养成规律的作息习惯。

（三）配备合适的助视设备

养育人员应为视觉障碍婴幼儿配备合适的助视设备，并指导他们学习使用这些设备，从而帮助他们改善视力，为他们更好地探索世界创造有利条件。在这一过程中，养育人员应做到以下几点。

（1）选择合适的助视器。不同助视器的适用性不同，养育人员应先请眼科医生或相关专业人员全面评估视觉障碍婴幼儿的视力状况，明确其视觉障碍的类型、程度、改善空间等，再根据评估结果选择合适的助视器。

育儿小助手

助视器主要有光学助视器和电子助视器两种。光学助视器利用光学系统的放大作用放大物体的成像，主要有望远镜、眼镜、放大镜、滤光镜等。电子助视器通过电子技术将物体放大并显示在屏幕上，主要有便携式电子放大器、台式电子放大器、电子阅读器、视觉辅助系统等。

（2）指导使用助视器。养育人员应耐心、细致地指导视觉障碍婴幼儿使用助视器，包括如何正确佩戴、调整焦距、控制放大倍数等。若视觉障碍婴幼儿排斥使用助视器，则养育人员可以利用图画书、玩具等激发他们使用助视器的兴趣。

（3）关注视觉疲劳。长期使用助视器会造成视觉疲劳。养育人员应教导视觉障碍婴幼儿在使用助视器一段时间后（如每隔20分钟）进行休息，以缓解视觉疲劳。

（4）定期检查与调整。养育人员应定期带视觉障碍婴幼儿进行视力复查，以了解其视力变化情况，并根据需要调整助视器的相关配置。

（四）进行听觉和触觉功能训练

视觉障碍婴幼儿在生活和学习中需要依靠其他感觉器官去获取外界信息，尤其是听觉和触觉在补偿视力缺损方面有着不可估量的作用。养育人员应对视觉障碍婴幼儿进行听觉和触觉功能训练，以帮助他们更好地感知周围环境。

1. 听觉功能训练

养育人员可以引导视觉障碍婴幼儿进行声音识别训练和声源定位训练。

（1）声音识别训练。养育人员可以使用多样化的声音材料，如日常用品发出的声音、自然界的声音（动物叫声、风声、水流声）、乐器声等，先教视觉障碍婴幼儿认识这些声音的名称和来源，再让他们仔细聆听并尝试识别，也可以通过做游戏的方式，如"猜猜我是谁""听声找物"等，增加训练的趣味性和互动性。

视觉障碍婴幼儿
听觉功能训练方法

（2）声源定位训练。养育人员可以先将声源（如摇铃、音乐盒等）放置在视觉障碍婴幼儿附近的某个地方，然后使声源发出声音，并引导视觉障碍婴幼儿转动头部或身体来寻找声源。随着视觉障碍婴幼儿对声源定位的熟悉，养育人员可以逐渐增加声源的距离，或者让视觉障碍婴幼儿尝试追踪声音并找到声源。

在训练过程中，养育人员应尽量减少不必要的噪声干扰，确保视觉障碍婴幼儿能够清晰地听到各种声音。如果无法完全避免噪声，养育人员可以尝试调整声音播放的音量，以适应视觉障碍婴幼儿的听觉需求。

2．触觉功能训练

养育人员可以引导视觉障碍婴幼儿进行触感体验训练和形状识别训练。

（1）触感体验训练。养育人员可以提供各种材质的物品，如用塑料、金属、木质材料、布料等制成的玩具，鼓励视觉障碍婴幼儿用手掌、手指，甚至整个身体去探索和感知不同的物品，让他们体验不同的触感，从而增强他们的触觉敏感度。

（2）形状识别训练。养育人员可以选择不同形状且轮廓明显的积木（见图 5-2）、拼图块等物品，引导视觉障碍婴幼儿通过触摸来识别物品的形状和轮廓，帮助他们建立对不同形状的认知。

图 5-2　不同形状且轮廓明显的积木

在训练过程中，养育人员应确保所使用的物品无尖锐边角、无毒、无害，同时彻底清洁和消毒物品，以免对视觉障碍婴幼儿造成伤害。

（五）创造社交互动的机会

养育人员应多为视觉障碍婴幼儿创造社交互动的机会，鼓励他们主动与他人进行交流、互动，激发他们的社交意愿，进而提高他们的社交能力。养育人员可以和视觉障碍婴幼儿一起参加集体活动，如玩伴聚会、亲子活动等，让视觉障碍婴幼儿有机会与同龄人一起玩耍，引导他们通过语言交流和分享玩具来增进友谊，增强他们的语言表达和沟通能力，从而使他们获得良好的社交体验。

模块二 听觉障碍婴幼儿家庭教育指导

应用场景

伤心的贝贝

　　3岁的贝贝患有听觉障碍，需要长期佩戴助听器。一天，在进行听觉功能训练时，专业治疗机构的王老师发现贝贝的状态不是很好，贝贝不是拒绝听声音就是无法正确分辨声音。王老师问贝贝怎么了，贝贝说："听不见。"王老师怀疑贝贝的助听器出了问题，可贝贝奶奶说："助听器没问题，这一定是贝贝不想训练的花招，她再偷懒就打她的屁股！"看着奶奶生气的样子，贝贝哭了。

　　晚上，王老师询问了贝贝妈妈，被告知确实是助听器没电了。贝贝奶奶知道后立刻向贝贝道了歉，贝贝终于开心了。

典型任务

一、信息获取

1. 分析贝贝"偷懒"的原因。

2. 指出贝贝奶奶在教育贝贝的过程中存在的问题。

3. 假如你是指导人员，你会从哪几个方面对贝贝奶奶进行指导？

二、实践记录

家庭教育指导记录表

姓名：　　　　　　性别：　　　　　年龄：

养育人员：

指导人员：

指导时间：

指导内容：

指导难点：

问题记录：

思考与总结：

新手指导

一、听觉障碍婴幼儿概述

（一）婴幼儿听觉障碍的分级

听觉障碍是指婴幼儿双耳出现不同程度的永久性听力障碍，导致其听不到或听不清周围环境声及言语声，以致影响日常生活和社会参与的病理状态。

听觉障碍包括听力完全丧失和有残留听力但辨音不清、不能进行听说交往两类。根据《残疾人残疾分类和分级》（GB/T 26341-2010），婴幼儿的听觉障碍按听觉系统的结构与功能、平均听力损失、社会参与等因素分为四级，具体如表 5-2 所示。

表 5-2　听觉障碍的分级

分级	听觉系统的结构与功能	平均听力损失（dB HL）	社会参与
一级	极重度损伤	>90	不能依靠听觉进行言语交流，理解能力、交流能力等极重度受限，在参与社会生活方面存在极严重障碍
二级	重度损伤	81～90	理解能力、交流能力等重度受限，在参与社会生活方面存在严重障碍
三级	中重度损伤	61～80	理解能力、交流能力等中度受限，在参与社会生活方面存在中度障碍
四级	中度损伤	41～60	理解能力、交流能力等轻度受限，在参与社会生活方面存在轻度障碍

（二）听觉障碍婴幼儿的特点

听觉障碍婴幼儿的特点主要包括以下几个方面。

（1）听觉反应迟钝或无反应。听觉障碍婴幼儿对声音反应不灵敏或无反应，听到声音时习惯将头偏向一侧，这可能是为了尝试从不同角度捕捉声音信号，但往往效果不佳。

（2）语言发展迟缓。由于无法充分接收和理解声音信息，听觉障碍婴幼儿通常无法掌握正确的发音，说话时的音调和速度也会出现异常，并且其只能重复他人说的话，而不能真正理解这些话的意思。

（3）社交能力受限。听觉障碍婴幼儿更多地依赖视觉和触觉来获取信息，不易形成视听结合的综合信息，这限制了他们对环境的全面理解和感知。同时，由于他们的语言表达和理解能力存在缺陷，因此他们很难与他人正常交流。

（4）思维能力受限。听觉障碍婴幼儿在思考问题时主要依据大脑中的表象或联想，他们一般能够掌握具体事物的概念，但对于抽象事物的理解则相对困难。

二、听觉障碍婴幼儿家庭教育指导策略

（一）提供合适的助听设备

养育人员应为听觉障碍婴幼儿配备合适的助听设备，如助听器、人工耳蜗（见图 5-3）等，并在此基础上对他们进行听觉功能训练，使他们能够听到周围的声音，从而更好地探索世界，并勇敢地与他人交流。

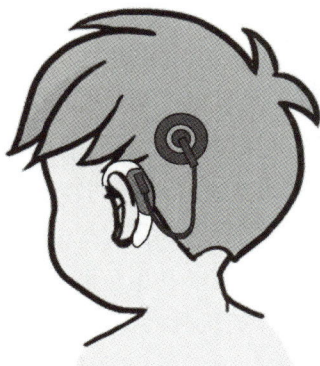

图 5-3　人工耳蜗示意图

育儿小助手

助听器和人工耳蜗都是可以帮助听力受损者重建听觉功能的设备，但它们的原理和适用范围有所不同。助听器是一种能够放大声音的电子设备，可以帮助轻度到中度听力受损者听到周围的声音。人工耳蜗是一种内耳植入式电子设备，可以帮助重度到极重度听力受损者重建听觉功能。

助听设备通常需要根据听觉障碍婴幼儿的实际情况和需求进行个性化的定制，并且需要在专业人员的指导下进行正确、合理的使用，以确保达到最佳的使用效果。同时，养育人员还应对助听设备进行维护和保养，每天检查助听设备的性能和状态，定期更换电池或电极等零部件，以确保助听设备长期、稳定地运行。

需要注意的是，如果助听设备出现故障或损坏，养育人员应及时联系专业人员进行维修或更换，并确保听觉障碍婴幼儿在维修期间有其他合适的助听设备可使用，以免影响他们的日常生活和学习。

（二）寻找合适的沟通方式

听觉障碍婴幼儿无法与他人进行正常的沟通与交流，对此，养育人员应寻找合适的沟通方式，帮助听觉障碍婴幼儿克服沟通障碍，提高他们的社交能力和社会适应能力。

首先，养育人员可以参加针对听觉障碍婴幼儿的专业教育教学活动，通过观摩专业人员干预听觉障碍婴幼儿语言及沟通能力发展、行为养成的过程，学习相关方法与技巧，并将其应用于与听觉障碍婴幼儿的日常互动中。其次，养育人员可以阅读相关领域的专业书籍和资料，了解并掌握与听觉障碍婴幼儿沟通的特殊技巧，如使用夸张的口形、清晰的面部表情、生动的肢体语言等，以帮助他们更好地理解与接收信息。最后，养育人员可以利用互联网资源，寻找一些适合听觉障碍婴幼儿的语言训练、手语教学等在线课程，帮助他们更好地学习与成长。

（三）进行视觉功能训练

视觉功能训练是听觉障碍婴幼儿补偿听觉缺损的重要途径。养育人员应对听觉障碍婴幼儿进行适当的视觉功能训练，以促使他们更好地感知周围环境。

听觉障碍婴幼儿视觉功能训练方法

在进行视觉功能训练时，养育人员可以利用色彩丰富、形状各异的玩具吸引听觉障碍婴幼儿的注意力，开展如"找颜色""抓玩具"等互动游戏，让他们感受各种颜色的差别，并通过眼神交流、肢体互动等方式提高他们的视觉感知能力。养育人员也可以使用移动的光源、玩具等，引导听觉障碍婴幼儿进行视线跟随，锻炼其视觉追踪能力，帮助他们捕捉和解读环境中的视觉信息。此外，养育人员还可以带视觉障碍婴幼儿到公园、动物园等地游玩，让他们接触并感受多样化的视觉刺激。

（四）开展语言训练

养育人员应根据听觉障碍婴幼儿的语言发展情况开展如言语呼吸训练、发音训练、说话训练等语言训练，以提高其语言表达和理解能力。

（1）言语呼吸训练。养育人员可以通过吹纸片、吹气球、吹蜡烛等简单有趣的游戏，训练听觉障碍婴幼儿控制呼气的能力，帮助其掌握正确的呼吸节奏和力度。

（2）发音训练。养育人员可以利用口腔模型、发音图等辅助工具，结合亲自示范，引导听觉障碍婴幼儿模仿练习发音的口形等，帮助其学习正确的发音方法，同时耐心地纠正其错误的发音。

（3）说话训练。养育人员可以通过日常对话、看图讲话、故事讲述等方式，从易学的词语和短句开始，逐渐过渡到较长和较为复杂的句子，引导听觉障碍婴幼儿开口说话。在训练过程中，养育人员应清晰、缓慢地讲话，并尽量多重复几次，以便听觉障碍婴幼儿更好地理解和模仿。

模块三 肢体障碍婴幼儿家庭教育指导

应用场景

某天，孙老师发现3岁的安安无法自理，于是与安安爸爸发生了以下对话。

孙老师： 上午好呀，安安爸爸，安安目前还没有学会自理吗？

安安爸爸： 是的，孙老师。安安有神经性肢体障碍，我们没有强迫她学习自理，认为她长大了自然就学会这些了。

孙老师： 安安平时和小伙伴一起玩耍吗？她能否与他人进行日常沟通？

安安爸爸： 她很少和同龄人接触，和我们进行日常沟通基本没问题，但出门后非常怕生，一般不会主动和他人交流。

孙老师： 那为什么不尝试引导安安多和小伙伴交流呢？

安安爸爸： 安安的左脚有点跛，我们正在为她治疗，担心同龄小朋友会嘲笑她。

典型任务

一、信息获取

1. 分析安安无法自理的原因。

2. 指出安安爸爸在教育安安的过程中存在的问题。

3. 假如你是指导人员，你会从哪几个方面对安安爸爸进行指导？

二、实践记录

家庭教育指导记录表

姓名：　　　　　　性别：　　　　　　年龄：

养育人员：

指导人员：

指导时间：

指导内容：

指导难点：

问题记录：

思考与总结：

新手指导

一、肢体障碍婴幼儿概述

（一）婴幼儿肢体障碍的分级

肢体障碍是指婴幼儿运动系统的结构、功能损伤造成四肢残缺，或四肢、躯干麻痹（瘫痪）、畸形等而致运动功能不同程度丧失及活动受限的病理状态，主要包括以下几种。

（1）伤、病或发育异常所致的上肢或下肢缺失、畸形或功能障碍。

（2）伤、病或发育异常所致的脊柱畸形或功能障碍。

（3）伤、病或发育异常造成的躯干或四肢功能障碍。

根据《残疾人残疾分类和分级》（GB/T 26341-2010），婴幼儿的肢体障碍按肢体功能、日常生活与活动等因素可分为四级，具体如表 5-3 所示。

表 5-3 肢体障碍的分级

级别	肢体功能	程度	日常生活与活动
一级	完全丧失	极重度	不能独立进行
二级	受到严重影响	重度	基本上不能独立进行
三级	受到中度影响	中度	能部分独立进行
四级	受到轻微影响	轻度	基本上能独立进行

（二）肢体障碍婴幼儿的特点

肢体障碍婴幼儿的特点主要包括以下几个方面。

（1）动作发展落后或受限。肢体障碍婴幼儿在爬、坐、站、走等方面的发展均落后于同龄人，他们甚至可能完全无法完成这些基本动作。

（2）动作控制不稳定。肢体障碍婴幼儿在动作控制上常常表现出不稳定性，如手脚不自觉地抖动、颤动或摆动等，导致其走路的步态不正常，并且容易跌倒。

（3）肌张力异常。肌张力（肌肉组织在静息状态下的一种持续的、微小的收缩力）是维持身体正常活动的基础。肢体障碍婴幼儿往往会出现肌张力过高或过低的异常情况。前者表现为肢体僵硬，呈强直状态，如手指屈伸不利；后者表现为肌肉松弛且软弱无力，如手无法拿、握物品。

（4）感觉缺失或过度敏感。肢体障碍婴幼儿可能对身体某些部位的痛觉不敏感或完全感受不到，从而无法很好地感知自身身体状态和环境变化。同时，他们也可能对某些刺激表现出过度敏感的反应，从而感到不适或困扰。

（5）情绪敏感。肢体障碍婴幼儿由于身体上的不便和外界的关注，往往容易产生焦虑、沮丧、不安等情绪，同时对他人的评价过于敏感，进而产生自卑感。

二、肢体障碍婴幼儿家庭教育指导策略

（一）创建特定的生活环境

肢体障碍婴幼儿一般行动不便，养育人员应为其创建一个安全、舒适、具有支持性的生活环境，具体包括以下几个方面。

（1）空间。养育人员应对生活空间进行改造，如拆掉门槛、安装扶手、设置无障碍卫生间等，并且确保有足够的空间供肢体障碍婴幼儿活动。

（2）地面。养育人员应选择防滑性能好的地板材料，如橡胶地板或特制防滑地砖，或在地板上铺设防滑垫，同时保持地面干燥、整洁，确保没有杂物，以降低肢体障碍婴幼儿摔倒的风险。

（3）家具。养育人员应选择没有尖锐边角的家具，以及与肢体障碍婴幼儿的身高相适应的床铺和桌椅，并确保所有家具都稳固可靠，不易被肢体障碍婴幼儿推动或拉倒。

（4）辅助器具。养育人员应根据肢体障碍婴幼儿的年龄、身高、体重及具体障碍情况，定制或选择符合他们实际需求的辅助器具，如轮椅、拐杖、助行架（见图5-4）等，并确保其始终处于完好状态。

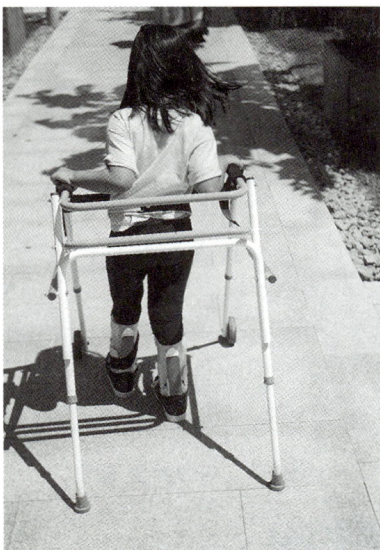

图 5-4 助行架

需要注意的是，肢体障碍婴幼儿对环境的需求因其自身情况而异。因此，养育人员在创建生活环境时应充分考虑个体差异，有针对性地采取措施。除此之外，养育人员还应随时检查、评估生活环境，确保所有设施都符合肢体障碍婴幼儿当前的需求和状况。

（二）进行专业的康复训练

为了陪伴、协助肢体障碍婴幼儿进行专业的康复训练，养育人员应做到以下几点。

（1）养育人员应寻求专业的康复机构，为肢体障碍婴幼儿制订个性化的治疗方案，包括短期和长期的康复目标，康复训练的内容、方法和频率，等等。

康复医学的重要性

（2）养育人员应参加由康复机构或其他专业治疗机构组织的培训课程，学习基本的康复训练方法、技巧和安全注意事项，并在专业人员的指导下练习实践操作。

（3）养育人员应熟悉走步训练机、平衡球等各种康复器材（见图 5-5）的使用方法和效果，或利用牵引、按摩等治疗技术，耐心地引导肢体障碍婴幼儿进行康复训练，锻炼其协调能力和肌肉力量，从而使其尽早恢复机体功能。

（4）养育人员应保持高度的耐心和爱心，用鼓励的话语和积极的肢体语言激发肢体障碍婴幼儿的兴趣和动力，同时灵活运用所学的康复训练方法和技巧，确保训练的安全性和有效性。

图 5-5　各种康复器材

（三）给予充分的支持与鼓励

与一般婴幼儿相比，肢体障碍婴幼儿需要更多的支持和鼓励。养育人员应多与他们交流，鼓励他们勇敢地表达自己的想法和感受，并及时满足他们的需求。

养育人员可以通过讲述励志故事、展示积极榜样等方式，引导肢体障碍婴幼儿看到生活中的美好和希望，培养他们乐观向上的心态，增强他们对生活的信心。养育人员也可以与肢体障碍婴幼儿一起设定可实现的短期目标，如完成某项康复训练任务、学会使用某个辅助工具等，并及时给予他们正面的鼓励和肯定，让他们感受到自己的进步和成就，帮助他们树立自信心。

此外，在保障安全的前提下，养育人员可以鼓励肢体障碍婴幼儿尝试独立完成一些日常活动，如穿衣、吃饭等，以增强他们的自理能力。

（四）组织不同的社交活动

养育人员应积极参与、支持肢体障碍婴幼儿的社交活动，为他们提供与他人接触的机会和条件，帮助他们学习如何与人相处、沟通和合作，让他们感受到被接纳和尊重，使他们在互动和交流中快乐成长。

（1）养育人员可以定期邀请亲友来家中聚会，让肢体障碍婴幼儿在熟悉的环境中与人交流，增加他们的社交经验，引导他们学会主动与人交流。

（2）养育人员可以鼓励肢体障碍婴幼儿与自己一起参与社区组织的各种活动，如亲子阅读会、儿童节庆典等，让他们接触到更多的人和事，增强他们的社交能力。

（3）在确保安全的前提下，养育人员可以带肢体障碍婴幼儿去公园、游乐场等公共场所游玩，并鼓励他们与同龄人一起玩耍和交流。

育儿宝典

敞开心扉的小峻

3 岁的小峻因先天多处残疾，长期在医院接受康复治疗。小峻父母由于工作繁忙，无法时刻陪伴在小峻身边，于是小峻的爷爷和奶奶承担起了照顾小峻的重任，无微不至地关爱与呵护他。

由于身体缺陷，小峻很少主动参与其他小朋友的游戏，但他会在一旁观看小朋友们玩耍，仿佛在默默地感受着这个世界的色彩与活力。尽管身体缺陷限制了小峻的行动能力，但他展现出了较强的学习能力和敏捷的思维，可以独立完成一些简单的学习任务。在医生的建议下，小峻父母开始陪伴、协助小峻进行系统的康复训练，帮助他逐步克服身体上的障碍，并且耐心地引导他学习自理技能，如自己穿衣、吃饭等。同时，为了丰富小峻的社交生活，小峻父母还特意安排了较多的社交机会，鼓励并引导小峻与其他小朋友一起玩耍，增强其自信心。

在父母的努力下，小峻逐渐敞开了心扉，开始尝试融入集体，虽然起初还有些羞涩和犹豫，但那纯真的笑容和渴望的眼神已经足以证明他正在勇敢地迈出成长的步伐。

经典咨询实例

咨询一 渴望自由的伟伟

（一）咨询案例

2岁的伟伟左眼单眼失明，且右腿患有先天性骨关节脱落，1岁多时其右腿动过一次大手术。伟伟走路不是很稳，语言表达能力也较弱，因此伟伟妈妈特别担心伟伟，对他格外关注，不管走到哪里都牵着他的小手，生怕他出什么意外。

一次，伟伟妈妈带伟伟在小区里散步时，看到几个小朋友在玩挖沙子的游戏，伟伟妈妈发现伟伟的小手在慢慢地挣脱自己的手，并用不清晰的声音说："妈妈，我也要和大家一起玩。"但是，伟伟妈妈担心伟伟会摔倒，就拉紧伟伟的手并对他说："伟伟，我们下次再和大家玩吧，妈妈先带你去看大金鱼。"在妈妈的劝说下，伟伟走开了，但他时不时地回头看一下正在挖沙子的小朋友。

（二）发现问题

伟伟妈妈对伟伟的特别关注是没错的，但过于担忧外界环境给伟伟带来不便，会对他形成束缚，甚至伤害他的自尊。"受伤的小鸟"也有自己小小的愿望，伟伟也想去体验和其他小朋友一起玩耍的快乐。

（三）指导建议

在确保安全的前提下，伟伟妈妈应逐渐放手，让伟伟有更多的机会去探索和尝试，并给予一定的指导和帮助。同时，伟伟妈妈还应为伟伟创造更多的社交机会，并教会伟伟一些基本的社交方法，如如何与人打招呼、分享玩具、交流想法和感受等。

（四）专家点评

爱孩子，不是过度地关注和保护孩子，这样会让孩子觉得自己很脆弱，而是应适当地放手，让孩子自己去探索和体验，从而变得勇敢和坚强。养育人员应在保护与教育之间找到平衡点，以更加开放和信任的心态去支持感觉障碍婴幼儿，让他们在自己的努力下，勇敢地迈出每一步，享受成长的快乐。

咨询二　对声音不敏感的小月

（一）咨询案例

　　小月出生后不久便接受了新生儿听力筛查，当时的筛查结果并未显示异常。随着小月的成长，小月爸爸注意到她对声音的反应不如同龄人敏感。例如，在嘈杂的环境中，小月对周围的声音不太在意，好像没听见一样；在安静的环境中，小月对他人的呼唤没有反应，并且需要被重复呼唤多次才能注意到有人叫自己。

　　小月爸爸认为小月只是性格内向或注意力不集中，因此对声音不敏感，于是开始提高自己说话的音量，并且频繁地呼唤小月。然而，小月的情况并未好转，甚至有时别人和她说话时，她会摇着头说："我听不清你说什么。"

（二）发现问题

　　小月爸爸发现小月对声音的反应不如同龄人敏感后，没有给予足够的重视，而是尝试一些自认为有效的方法，如提高说话的音量、频繁地呼唤小月等，来改善小月对声音不敏感的问题。这种行为不仅会耽误小月的最佳治疗时机，还可能会对小月的听力发展造成负面影响。

（三）指导建议

　　对于小月听力上的异常表现，小月爸爸应保持关注并及时采取行动。首先，小月爸爸应尽快带小月去医院进行专业的听力检查和评估，以明确小月听力问题的性质和原因所在。其次，小月爸爸应学习相关的听力康复知识，以便在日常生活中给予小月科学的支持和帮助。最后，小月爸爸应保持积极乐观的态度，鼓励小月克服听力障碍带来的困难。

（四）专家点评

　　早期筛查、持续监测、科学干预、家庭支持等可以促进听力障碍婴幼儿健康发展。因此，养育人员应具备敏锐的洞察力与果断的行动力，持续关注听力障碍婴幼儿的实际情况，避免自行处理与拖延就医。在条件允许的情况下，养育人员可以将听力障碍婴幼儿送入学校，使其与同龄人共同学习、游戏，促进其社交能力的发展。

学以致用

综合测试

一 不定项选择题

1. 视觉障碍婴幼儿家庭教育的指导策略不包括（　　）。
   A．创设安全的生活环境　　　　B．养成规律的作息习惯
   C．配备合适的助听设备　　　　D．配备合适的助视设备

2. 养育人员为视觉障碍婴幼儿配备助视设备时，应做到（　　）。
   A．选择合适的助视器　　　　　B．指导使用助视器
   C．关注视觉疲劳　　　　　　　D．定期检查与调整

3. 听觉障碍婴幼儿的特点不包括（　　）。
   A．听觉反应迟钝或无反应　　　B．语言发展迟缓
   C．肌张力异常　　　　　　　　D．思维能力受限

4. 肢体障碍不包括（　　）。
   A．伤、病或发育异常所致的上肢或下肢缺失、畸形或功能障碍
   B．伤、病或发育异常所致的小于 70°驼背或小于 45°的脊柱侧凸
   C．伤、病或发育异常所致的脊柱畸形或功能障碍
   D．伤、病或发育异常造成的躯干或四肢功能障碍

5. 为了陪伴、协助肢体障碍婴幼儿进行专业的康复训练，养育人员应（　　）。
   A．寻求专业的康复机构，为肢体障碍婴幼儿制订个性化的治疗方案
   B．参加由康复机构或其他专业治疗机构组织的培训课程，学习基本的康复训练方法、技巧和安全注意事项
   C．利用牵引、按摩等治疗技术，耐心地引导肢体障碍婴幼儿进行康复训练
   D．用鼓励的话语和积极的肢体语言激发肢体障碍婴幼儿的兴趣和动力

二 判断题

1. 视觉障碍婴幼儿在生活和学习中需要依靠其他感觉器官去获取外界信息，尤其是听觉和触觉在补偿视力缺损方面有着不可估量的作用。（　　）
2. 听觉障碍是指婴幼儿双耳出现不同程度的永久性听力障碍，导致其听不到或听不清周围环境声及言语声，以致影响日常生活和社会参与的病理状态。（　　）

3．触觉功能训练是听觉障碍婴幼儿补偿听觉缺损的主要途径。　　　（　　　）

4．肢体障碍婴幼儿的康复难度不大，按照康复机构或其他专业治疗机构的建议进行短期的康复治疗即可。　　　（　　　）

5．在保障安全的前提下，养育人员可以鼓励肢体障碍婴幼儿尝试独立完成一些日常活动，以增强他们的自理能力。　　　（　　　）

三　简答题

1．简述视觉障碍婴幼儿的特点。

2．简述听觉障碍婴幼儿家庭教育指导策略。

3．简述肢体障碍婴幼儿家庭教育指导策略。

四　实践题

为了理解、学习如何帮助和支持感觉障碍与肢体障碍婴幼儿，请全班学生以小组为单位，按照以下步骤完成"考察感觉障碍与肢体障碍婴幼儿的生活状态"的实践活动。

〔实践分组〕

全班学生以 4～6 人为一组进行分组，各组选出组长并进行任务分工，将小组成员及分工情况填入表 5-4 中。

表 5-4　小组成员及分工情况

班级		组号		指导教师	
小组成员	姓名	学号		任务分工	
组长					
组员					

〔实践步骤〕

（1）利用互联网搜集并整理关于感觉障碍与肢体障碍婴幼儿的资料，包括案例、文献等，了解感觉障碍与肢体障碍婴幼儿的相关知识，以及国内外关于感觉障碍与肢体障碍婴幼儿干预的最新研究成果。

（2）实地访问学校附近的社区，选择 3～5 个具有代表性的感觉障碍与肢体障碍婴幼儿家庭，并在社区工作人员的帮助下了解感觉障碍与肢体障碍婴幼儿的实际生活状态，询问家长对感觉障碍与肢体障碍婴幼儿实施的干预方法，将相关信息填入表 5-5 中。

表 5-5　观察记录表

感觉障碍与肢体障碍婴幼儿的障碍级别	感觉障碍与肢体障碍婴幼儿的实际生活状态	家长的干预方法	家长的干预效果

　　（3）根据所搜集的资料和实地访问情况，结合所学知识，分析家长的干预方法及其所产生的效果，并撰写实践报告，报告的内容应包括对家长的干预方法、干预效果的分析，以及相应的改进建议等。

〔实践成果〕

　　各组组长以 PPT 的形式在班级内展示本组的实践报告，并进行相应的解说。

学习评价

教师可以从基本知识、实践技能、综合素质、活动成果等方面对学生进行评价，请各位学生配合指导教师共同完成学习评价表（见表5-6）。

表 5-6　学习评价表

班级		姓名		学号	
组号		指导教师		日期	
评价维度	评价标准		分值	评分	
				自评	师评
基本知识（20分）	了解婴幼儿视觉障碍的分级，熟悉视觉障碍婴幼儿的特点		4		
	了解婴幼儿听觉障碍的分级，熟悉听觉障碍婴幼儿的特点		4		
	了解婴幼儿肢体障碍的分级，熟悉肢体障碍婴幼儿的特点		4		
	掌握感觉障碍与肢体障碍婴幼儿家庭教育指导策略		8		
实践技能（30分）	能够结合感觉障碍与肢体障碍婴幼儿的特点，有效运用家庭教育指导策略		15		
	能够通过咨询发现感觉障碍与肢体障碍婴幼儿家庭教育存在的问题，并给予合适的指导		15		
综合素质（20分）	具有较强的分析能力		6		
	能够透过现象看本质，培养理性思维		8		
	具备严谨、求实的学习态度		6		
活动成果（30分）	搜集的资料真实、丰富、参考性强		6		
	实践报告内容全面、详略得当		10		
	PPT 制作精美、图文并茂		7		
	解说富有条理		7		
合计			100		
总评	自评（30%）+师评（70%）=				
教师评语			教师（签名）：		

第六讲

不同类型家庭婴幼儿家庭教育指导与咨询

学习目标

知识目标 ↘

- 了解单亲家庭、重组家庭、隔代抚养家庭对婴幼儿发展的消极影响。
- 熟悉单亲家庭、重组家庭、隔代抚养家庭婴幼儿家庭教育易出现的问题。
- 掌握单亲家庭、重组家庭、隔代抚养家庭婴幼儿家庭教育指导策略。

技能目标 ↘

- 能够正确认识单亲家庭、重组家庭、隔代抚养家庭对婴幼儿发展的影响，并有效运用合适的家庭教育指导策略。
- 能够通过咨询发现单亲家庭、重组家庭、隔代抚养家庭婴幼儿家庭教育存在的问题，并给予合适的指导。

素养目标 ↘

- 树立终身学习的观念，养成换位思考的习惯。
- 具备同理心，增强责任感和使命感。

模块一 单亲家庭婴幼儿家庭教育指导

应用场景

敏感的萌萌

萌萌父母在萌萌3岁时离婚了，此后萌萌便一直与妈妈一起生活。虽然萌萌妈妈努力挤出时间陪伴萌萌，但这样的变化还是给萌萌留下了阴影。

最近，萌萌妈妈发现萌萌虽然很听话，但她不再像以前那样喜欢和小朋友们一起玩耍，而是经常自己待在角落里发呆。萌萌妈妈对此感到十分愧疚和苦恼，不自觉地在日常生活中反复提及家庭情况，试图让萌萌理解。然而，萌萌变得更加敏感、胆小，甚至不愿意和别人说话。

典型任务

一、信息获取

1. 分析萌萌变得更加敏感、胆小的原因。

2. 指出萌萌妈妈在教育萌萌的过程中存在的问题。

3. 假如你是指导人员，你会从哪几个方面对萌萌妈妈进行指导？

二、实践记录

家庭教育指导记录表

姓名： 性别： 年龄： 家庭类型：

养育人员：

指导人员：

指导时间：

指导内容：

指导难点：

问题记录：

思考与总结：

新手指导

单亲家庭是指夫妻双方因离婚、丧偶等而仅由一方与未成年或不具备独立生活能力的子女共同生活的一种家庭形态。

一、单亲家庭对婴幼儿发展的消极影响

（一）身体发育

单亲家庭可能由于家庭经济收入显著减少，无法为婴儿提供高质量的食品、医疗保健等，进而限制了婴幼儿获得丰富营养和良好成长环境的机会，从而可能导致婴幼儿出现营养不良、免疫力低下等问题。同时，单亲家庭的家长可能因时间和精力有限而无法为婴幼儿提供足够的关注和照顾，这可能对婴幼儿的饮食和作息习惯等造成一定的影响，进而影响其身体健康。

（二）心理健康

单亲家庭的婴幼儿可能会因缺少一方家长的陪伴和关爱而感到情感缺失。这种情感缺失可能导致婴幼儿缺乏安全感和自信心，进而产生自卑感、被抛弃感、孤独感等，从而影响他们的心理健康。

（三）个性形成

在成长过程中，婴幼儿通常会通过观察和学习家长的行为模式来形成自己的个性。如果单亲家庭的家长经常表现出焦虑、暴躁、抑郁等消极情绪，或对婴幼儿采取过度保护、溺爱、忽视等不当的教育方式，那么很容易对婴幼儿的个性发展产生消极影响，导致婴幼儿变得脆弱、敏感、依赖性强、以自我为中心、缺乏自我认同感等。

（四）人际交往

单亲家庭的婴幼儿可能会经历父母关系破裂的过程，这可能导致他们在与他人交往时表现出紧张、不安或冷漠、逃避的态度，进而难以与他人建立稳定、亲密的关系。同时，单亲家庭的婴幼儿还可能因为家庭结构的不同而感到自己与他人的差异，从而难以很好地融入集体。

二、单亲家庭婴幼儿家庭教育易出现的问题

（一）家长心态失衡

单亲家庭的家长往往承受着较大的经济和心理压力，这些压力如果得不到及时排解，则可能导致家长心态失衡，出现情绪波动大、焦虑、易怒、抑郁等问题。家长作为婴幼儿家庭教育的主要实施者，其心态失衡不仅会影响自身的身心健康，还会导致婴幼儿出现情绪低落、缺乏安全感，以及自我怀疑和否定等问题，从而影响其健康成长。

互 动 空 间

有人说："单亲家庭的家长不应有任何负面情绪，否则会对孩子造成不良影响。"

思考： 你认同这种说法吗？说说你的想法，并与同学们讨论交流。

（二）家长陪伴不足

单亲家庭的家长往往会将大量的时间和精力放在工作和家务上，因此陪伴婴幼儿的时间大大减少。部分家长可能会对婴幼儿漠不关心，甚至不愿履行对婴幼儿的照护和教育义务。长期缺乏家长的陪伴和关爱，婴幼儿可能会变得自卑、胆小、孤僻等，进而影响其情感和社交能力的发展。

（三）家长教育方式不当

单亲家庭的家长容易将全部的情感和期望都寄托在婴幼儿身上，这可能导致家长采取不当的教育方式。例如，部分家长为了弥补婴幼儿缺失的父爱或母爱，会无原则地迁就、溺爱婴幼儿，满足他们的各种需求，甚至是不合理的需求；部分家长对婴幼儿抱有极高的期望，可能会过度干预婴幼儿的成长与发展。这些不当的教育方式会给婴幼儿带来多方面的消极影响，不利于婴幼儿的健康成长与发展。

三、单亲家庭婴幼儿家庭教育指导策略

（一）维护稳定的情感环境

单亲家庭的家长应努力维护稳定的情感环境，为婴幼儿的健康成长提供有力的支持。

（1）自我调整与情绪管理。家长应调整好自己的心态，展现出积极、乐观的生活态度，并将其传递给婴幼儿。家长可以通过运动、冥想、阅读等方式来放松自己，也可以寻求朋友、家人或专业心理咨询师的帮助，以获得支持。

单亲家庭也幸福——
林婉和小宇的故事

（2）关注婴幼儿的情感需求。家长应在日常生活中多关注婴幼儿的需求和感受，并及时给予积极的回应和支持。家长可以通过亲密的互动，如拥抱、抚摸、温柔的话语等，让婴幼儿感受到家长的关爱，从而增强他们的安全感。

（二）加强亲子陪伴与沟通

单亲家庭的家长可以从以下几点入手，来加强亲子陪伴与沟通。

（1）增加陪伴时间。家长应尽量增加与婴幼儿相处的时间，确保婴幼儿得到充分的关爱和陪伴。家长可以利用日常生活中的碎片时间，如早饭时间、睡前时间等，与婴幼儿进行简短的互动，如唱儿歌、讲故事等，也可以设定固定的亲子时间，与婴幼儿一起开展互动游戏、户外游玩等活动，这样不仅能加深亲子关系，还能促进婴幼儿认知、情感和社交能力的发展。

（2）倾听婴幼儿的心声。家长应耐心倾听婴幼儿的想法和感受，并鼓励他们积极表达自己的需求和情绪，以了解婴幼儿的内心世界，从而及时发现他们的困扰并提供帮助。

（3）给予情感支持。当婴幼儿遇到困难或挫折时，家长应给予鼓励和安慰，帮助他们建立自信心，让他们感受到关爱和支持。

育儿宝典

配合老师的文文爸爸

文文父母离异后，文文跟爸爸一同生活。文文爸爸平时忙于工作，很少有时间陪文文玩。在托育机构，老师发现文文从不主动找其他小朋友一起玩游戏，口渴了也不会和老师说要喝水。于是，老师找文文爸爸进行了沟通。文文爸爸说都怪自己平时太忙了，根本没有发现文文的这些问题，他表示愿意想办法解决这些问题。

在老师的指导下，文文爸爸开始设定固定的亲子时间，并利用这段时间与文文一起做游戏或阅读绘本。同时，每当发现文文有需求时，文文爸爸都会耐心地引导他用语言表达出来。随着时间的推移，文文不仅能够勇敢地表达自己要喝水，还乐于参与集体游戏，甚至主动分享自己的玩具。文文爸爸看到文文的变化非常开心，对老师表达了感谢之意。

（三）增加社交机会

单亲家庭的家长应为婴幼儿创造与他人交流的机会，如组织玩伴聚会、参加社区活动、报名早教课程等，鼓励婴幼儿与同龄人交往。在引导婴幼儿参与活动的过程中，家长应注重培养他们的社交技巧，帮助婴幼儿学会如何与他人相处、如何更好地融入集体、如何建立积极的人际关系等，从而培养他们的社交能力。例如，家长可以教婴幼儿如何礼貌地与人打招呼、如何表达自己的需求和感受、如何倾听他人的意见等。

（四）采取合适的教育方式

单亲家庭的家长应认识到婴幼儿的成长节奏和发展潜力是不同的，不应对婴幼儿提出过高的期望，也不应过分干涉或控制婴幼儿，而应根据婴幼儿的兴趣和实际情况，设定合理的目标。在育儿过程中，家长应将注意力放在婴幼儿的成长和进步上，而不是过分关注婴幼儿的成就和表现。同时，家长应认识到不当的教育方式对婴幼儿成长与发展的消极影响，并积极学习、掌握科学的教育方式。家长可以通过参加育儿课程或讲座，阅读育儿书籍等，学习育儿知识和技巧，也可以与其他单亲家庭的家长交流，分享育儿心得和经验。

单亲家庭的家长注意"三不要"

育儿小助手

需要注意的是，单亲家庭的婴幼儿可能会出现性别角色认知的偏差。对此，单亲家庭的家长可以调动亲戚、朋友中的性别资源给婴幼儿适宜的影响，使其性别角色得到充分的表现和发展，培养婴幼儿健康的人格，以适应社会生活的需要。如果可能的话，负责抚养婴幼儿的家长应鼓励非抚养方（如离异后的另一方家长）多探望婴幼儿并与婴幼儿保持联系。

模块二 重组家庭婴幼儿家庭教育指导

应用场景

无所适从的星星

星星 2 岁时，父母离婚了，之后，星星妈妈组建了新的家庭。在这个新家庭中，星星有了一个继父和一个小弟弟。

起初，星星对新家庭充满了期待和好奇，但继父忙于工作没时间陪他玩耍，年龄尚小的弟弟也时常抢占星星的玩具。这让星星感到无所适从，他经常感觉很孤独和无助。星星妈妈注意到星星的状态后，便开导星星说弟弟还小，他作为哥哥应该让着弟弟。久而久之，星星开始变得沉默寡言，不愿意与人交流，有时还会突然大发脾气。

典型任务

一、信息获取

1. 分析星星不愿意与人交流、突然大发脾气的原因。

2. 指出星星妈妈在教育星星的过程中存在的问题。

3. 假如你是指导人员，你会从哪几个方面对星星妈妈进行指导？

二、实践记录

家庭教育指导记录表

姓名： _____ 性别： _____ 年龄： _____ 家庭类型： _____

养育人员： _____

指导人员： _____

指导时间： _____

指导内容： _____

_____

_____

指导难点： _____

_____

_____

问题记录： _____

_____

_____

思考与总结： _____

_____

_____

重组家庭是指一个家庭的夫妻双方中，至少有一方在曾经的婚姻或关系中有子女的一种家庭形态。

一、重组家庭对婴幼儿发展的消极影响

（一）情感发展

重组家庭的婴幼儿通常需要较长的时间来适应新的家庭环境，包括与新的家庭成员建立关系、明确新的家庭规则、适应新的生活方式等。这一适应过程往往会伴随着一系列情感上的困扰。例如，婴幼儿可能不理解自己的父母为什么会分开，也不明白新的家庭成员意味着什么，以及如何与新的家庭成员相处等，因此感到焦虑、沮丧、无助，甚至出现自闭、抑郁等心理问题。

（二）自我认知

重组家庭的婴幼儿可能因家庭结构的变化对自己的身份认同产生困惑，他们会不清楚自己在新家庭中的位置和角色，以及担心自己是否会被接纳和爱护。这种困惑可能会影响婴幼儿自我认知的形成与发展，导致他们无法更好地认识自己、理解他人，以及适应周围的环境。

（三）社交发展

重组家庭中的婴幼儿可能会因复杂的家庭关系感到不安、焦虑，尤其是当家庭成员之间发生矛盾和冲突时。长此以往，婴幼儿可能会变得胆小、谨慎，在与他人交往时缺乏自信和主动性，从而影响其社交能力的发展。

二、重组家庭婴幼儿家庭教育易出现的问题

（一）亲子关系建立困难

在重组家庭中，家长与婴幼儿之间建立紧密的亲子关系往往较为困难。一方面，婴幼儿容易对继父母产生抵触情绪，认为他们不是自己"真正"的父母，从而难以与之建立深厚的关系；另一方面，由于家庭结构的变化，婴幼儿可能感到被忽视或排斥，从而容易缺乏归属感和安全感。

（二）教育方式和步调不一致

在重组家庭中，家长由于教育背景和教育观念等的不同，可能采取不同的教育方式，

并且双方可能都认为自己的教育方式最适合婴幼儿，或者认为婴幼儿已经适应了当前的教育方式，因此不愿更换。同时，家长可能对婴幼儿的教育目标和期望存在差异，导致教育步调不一致。例如，一方家长可能比较注重婴幼儿学习能力的发展，而另一方家长则比较关注婴幼儿兴趣和爱好的发展。这种不一致性可能会让婴幼儿感到困惑和无所适从，使其难以形成稳定的行为模式和价值观。

（三）教育资源和机会不均

在重组家庭中，家长可能需要同时照顾多个婴幼儿，会出现因亲疏关系不同而在教育资源（如时间、精力、金钱等）上分配不均的情况，导致部分婴幼儿无法获得平等的教育机会，得不到足够的关注和支持。同时，部分重组家庭可能因经济压力或其他原因，无法为婴幼儿提供充足的教育资源和机会，从而对婴幼儿的成长与发展造成一定的影响。

三、重组家庭婴幼儿家庭教育指导策略

（一）进行良好的情感沟通

重组家庭的家长应与婴幼儿进行良好的情感沟通，以使双方建立良好的情感联系。首先，家长应尊重和理解婴幼儿的感受，引导他们对重组家庭有一个正确的认识，并给予他们足够的时间和空间来适应新的家庭环境。其次，家长应创造一个开放、包容的沟通环境，鼓励婴幼儿勇敢地表达自己的想法和需求，并给予他们积极的反馈和回应，从而增强婴幼儿的信任感和归属感。最后，家长应给予婴幼儿足够的关爱和支持，通过持续的陪伴和帮助，让婴幼儿感受到自己是被重视和接纳的。

重组家庭的家长注意"五不要"

育儿宝典

逐渐适应新家庭的小凯

父母离婚后，3岁的小凯和爸爸一起生活。之后，小凯爸爸带着小凯与小慧阿姨组建了新家庭。小凯虽然明白小惠阿姨现在是他的"新妈妈"，但他还是有些不太适应这样的变化，平常总是有意无意地躲着小慧阿姨。

小慧阿姨注意到小凯的表现后，决定用耐心和爱心慢慢靠近小凯。在工作之余，小慧阿姨总是尽可能多地陪伴小凯，尝试通过讲故事、做手工、去公园游玩等方式引起小凯的兴趣，努力拉近与小凯之间的距离。

小凯也渴望在这个新家找到归属感，但每当小惠阿姨靠近时，他总会有些不知所措。小惠阿姨明白这是小凯适应新环境必然会经历的一个过程，更加温柔以

待。每当小凯犹豫着要不要靠近时，小惠阿姨就用一个温暖的微笑、一个鼓励的眼神、一声轻轻的呼唤来邀请他和自己一起玩。

随着时间的推移，小凯逐渐敞开心扉，虽然偶尔还会有些拘谨，但他已经能够主动分享自己的快乐。这让小惠阿姨深感欣慰，她知道爱与耐心正在慢慢地温暖小凯，也让这个小家变得更加温馨、和谐。

（二）创设和谐的家庭环境

为了促进婴幼儿健康、快乐地成长，重组家庭的家长应创设一个和谐、温馨的家庭环境，可以从以下几点入手。

（1）尊重与包容。家长应尊重每个婴幼儿的个性、兴趣和需求，包容和接纳他们的个体差异，不要强迫婴幼儿按照自己的意愿行事，要给予他们适当的自主权。

（2）共同制订家庭规则。家长应共同制订涵盖家庭生活各个方面的家庭规则，如作息时间、家务分配、育儿方式等，并确保规则公平、合理且易于遵守，以帮助婴幼儿形成稳定、规律的生活习惯，增强婴幼儿的规则意识和责任感。

（3）组织家庭活动。家长应经常组织家庭活动，如共进晚餐、周末出游、节日庆祝等，并鼓励婴幼儿积极参与，让他们感受到自己在家庭中的重要地位，增强他们对家庭的认同感和归属感。

（三）采取统一的教育方式

重组家庭的家长应采取统一的教育方式，尽量步调一致地对婴幼儿进行教育，共同推动婴幼儿的全面发展。家长应共同制订教育目标、教育内容、教育方法等，确保在婴幼儿的教育问题上有一致的认识和期望，避免因观点分歧而产生矛盾和冲突。在教育过程中，家长应相互学习、相互配合，充分利用各自的优势和经验，互相取长补短，为婴幼儿的成长提供多元化的支持。此外，当遇到教育难题或意见不合时，家长应秉持开放和包容的态度，通过坦诚沟通、协商讨论的方式，共同寻找最佳解决方案。

（四）客观公平地对待婴幼儿

重组家庭的家长应客观公平地对待婴幼儿，做到一视同仁。

（1）给予平等的关注和爱护。家长应确保每个婴幼儿都能得到同等的关注和爱护，让每个婴幼儿都能感受到家长的关爱与支持。

（2）公平分配资源和机会。家长应公平、合理地分配家庭资源（如生活、教育、娱乐等），并根据每个婴幼儿的兴趣和特长，为他们提供个性化的支持和指导。

（3）处理冲突时保持中立。当婴幼儿之间发生冲突时，家长应保持中立，公正地听取各方的意见和想法，公平、妥善地处理矛盾，而不是偏袒任何一方。

模块三 隔代抚养家庭婴幼儿家庭教育指导

应用场景

2岁的毛毛和珊珊住在同一个小区，经常一起玩耍。一天，毛毛妈妈陪毛毛在小区的运动广场玩耍时碰到了珊珊和珊珊妈妈。于是，毛毛妈妈和珊珊妈妈发生了以下对话。

毛毛妈妈

珊珊妈妈，您外出工作时，放心在家的珊珊吗？

珊珊妈妈

我是比较放心的，因为平时都是珊珊奶奶在家照顾珊珊，她会听我的意见。

毛毛妈妈

我也请了毛毛奶奶帮忙照顾毛毛，但她太惯着毛毛了，总是追在毛毛后面给她喂饭。我对她说这样不好，会惯坏毛毛，她不听我的，还说小孩子都是这样的。

珊珊妈妈

珊珊奶奶虽然会听我的意见，但她太小心了，总担心珊珊会受伤，平常几乎不带珊珊出门玩耍，我担心这样不利于珊珊的成长与发展。

典型任务

一、信息获取

1．描述毛毛妈妈和珊珊妈妈的困惑。

2．分别指出毛毛奶奶和珊珊奶奶在教育婴幼儿的过程中存在的问题。

3．假如你是指导人员，你会从哪几个方面分别对毛毛妈妈和珊珊妈妈进行指导？

二、实践记录

家庭教育指导记录表

姓名：　　　　性别：　　　年龄：　　　家庭类型：

养育人员：

指导人员：

指导时间：

指导内容：

指导难点：

问题记录：

思考与总结：

新手指导

隔代抚养家庭是指父母由于各种原因无法亲自抚养婴幼儿，或无法承担抚养婴幼儿的全部责任，而由祖辈承担抚养婴幼儿的主要责任的一种家庭形态。

一、隔代抚养家庭对婴幼儿发展的消极影响

（一）自理能力

在隔代抚养家庭中，祖辈容易过度照顾婴幼儿，不自觉地代替婴幼儿完成很多本应由其自己完成的事情，如吃饭、穿衣、洗漱等，从而减少了婴幼儿自己动手学习自理技能的机会。同时，祖辈由于担心婴幼儿的安全问题，如摔倒、磕碰等，通常会限制婴幼儿活动的范围和接触的事物，导致婴幼儿无法通过

隔代抚养：利多还是弊多？

自由探索和实践来完成自理活动，这些都不利于婴幼儿自理能力的发展。

（二）行为习惯

在隔代抚养家庭中，父母出于平时无法全身心照顾婴幼儿的愧疚感和补偿心理，往往会试图通过满足婴幼儿的各种需求来弥补这份遗憾，加上祖辈的溺爱，婴幼儿很容易陷入一种被过度满足和保护的环境。在这种环境中，婴幼儿可能习惯于被迁就和满足，养成"衣来伸手，饭来张口"的不良习惯，并且难以控制自己的欲望和冲动。这样不仅会导致婴幼儿缺乏独立性和自我约束能力，还会使其失去对外界事物的好奇心和探索动力，从而持续影响他们未来的学习和生活。

（三）社会交往

在隔代抚养家庭中，婴幼儿可能局限于祖辈的生活环境和社交圈子，与同龄人的接触较少。这种局限不仅体现在物理空间上的隔离，更在于缺乏与同龄人进行语言交流、游戏互动的机会。长此以往，婴幼儿在与同龄人接触时可能会表现出紧张或疏离，无法开展交流与互动，并且难以适应同龄人的社交方式，进而在建立人际关系时遇到困难。

（四）情感需求

婴幼儿对父母的情感需求是其他人所不能取代的，父母的情感支持是婴幼儿健康成长的重要基石。而在隔代抚养家庭中，父母与婴幼儿之间往往缺乏亲密的联系和互动，这导致婴幼儿的情感需求得不到满足，容易出现焦虑、紧张、抑郁等情绪问题。

二、隔代抚养家庭婴幼儿家庭教育易出现的问题

（一）家庭教育角色模糊

在隔代抚养家庭中，父母可能过于依赖祖辈，容易将婴幼儿的教育和抚养责任全权托付给祖辈。同时，祖辈出于对婴幼儿的深切关爱，有时会误认为只要自己给予婴幼儿无微不至的照顾与关怀，就能完全取代父母在家庭教育中的位置。当父母和祖辈在育儿理念上产生分歧时，婴幼儿可能会感到无所适从，他们很难理解哪种行为是正确的，也不知道应该听从谁的教导，从而产生焦虑感。

（二）教育方式不一致

在隔代抚养家庭中，祖辈和父母通常在教育背景、社会经验、人生阅历等方面存在很大差异，这导致他们在教育婴幼儿时可能存在各自的要求或标准。一般来说，祖辈可能更倾向于传统的教育方式，对待婴幼儿重"养"轻"教"，比较注重婴幼儿的安全和健康，而父母则可能受现代教育理念的影响，更加注重培养婴幼儿的独立性和自主性等。这种不一致的教育方式可能导致婴幼儿在生活和学习管理上缺乏稳定性和一致性，如不知道该遵

循哪套规则，从而无法形成稳定的价值观和行为习惯。

（三）缺失亲子陪伴

在隔代抚养家庭中，父母往往无法长时间陪伴在婴幼儿身边，而婴幼儿十分渴望并需要来自父母的关爱与陪伴。长期缺乏亲子陪伴可能导致婴幼儿无法与父母建立起良好的亲子关系，他们常常会感到孤独和不安，并且容易形成自卑、敏感的性格。

三、隔代抚养家庭婴幼儿家庭教育指导策略

（一）明确家庭教育角色定位

父母和祖辈应明确各自在家庭教育中的角色定位，做到角色分明、主次清晰。父母应意识到自己才是家庭教育的核心和主导者，不能以工作繁忙、缺乏育儿经验等为借口，将教育婴幼儿的责任完全交给祖辈。祖辈应明白自己不能完全替代父母在家庭教育中的位置，而应做好辅助者，适时进行有益的补充。

（1）明确家庭教育的模式。父母应以自己教育婴幼儿为主，并适当寻求祖辈的帮助。祖辈应尊重父母的教育理念和方式，不过度干涉父母的教育举措。

（2）明确家庭教育的分工。父母可以负责婴幼儿的习惯培养、认知教育、兴趣培养等，祖辈可以负责婴幼儿的日常饮食起居等。

（3）合理安排教育时间。父母和祖辈可以根据自己的时间安排，在不同的时间段负责照顾和教育婴幼儿。例如，父母可以在工作日的晚上、休息日照顾和教育婴幼儿，祖辈可以在工作日的白天照顾和教育婴幼儿。

（二）关爱而不溺爱婴幼儿

在照顾和教育婴幼儿的过程中，祖辈应学会把握尺度，做到严慈相济，而不是一味溺爱。一般来说，祖辈应做到以下几点。

（1）祖辈应避免过度满足婴幼儿的需求，尤其是不合理的需求，以免他们形成不良的习惯和个性。

（2）祖辈应注重培养婴幼儿的独立性，引导婴幼儿自己动手做力所能及的事情，如穿衣、吃饭、整理玩具等。

（3）祖辈应充分尊重婴幼儿的好奇心和探索欲，鼓励、支持婴幼儿尝试新事物，并提供必要的帮助。

（4）祖辈应为婴幼儿创造与同龄人交往的机会，让婴幼儿感受交往的乐趣，并引导他们学习基本的社交技能，提高他们的社交能力。

（三）增加亲子交流的机会

亲子陪伴对婴幼儿的健康成长至关重要，其不仅有助于婴幼儿获得稳定的安全感，还

能促进婴幼儿情感和社交能力等方面的发展。因此，父母应尽可能安排时间来陪伴婴幼儿，加强亲子之间的交流与互动。

父母可以充分利用空闲时间与婴幼儿一起交谈、玩游戏、讲故事等，增进彼此之间的了解和信任，也可以设置固定的专属时间，带婴幼儿参加一些户外活动，开阔婴幼儿的视野，丰富他们的生活经验。同时，祖辈也应积极创造机会让婴幼儿和父母多接触，如经常让婴幼儿与父母进行视频通话，带婴幼儿前往父母所在地游玩等，共同为婴幼儿营造一个充满爱与关怀的成长环境。

（四）形成家庭教育合力

父母和祖辈应充分发挥各自的优势，通过有效的交流与沟通，形成家庭教育合力，共同促进婴幼儿的健康成长与发展。

1. 普及科学的育儿知识

父母应主动、耐心地为祖辈讲解科学育儿的理念和方法，并详细说明不恰当的教育方式会给婴幼儿的成长与发展带来哪些消极影响，引导祖辈和自己一起有原则地教育婴幼儿。祖辈应积极主动地利用各种渠道学习新的教育理念和科学的教育方式，提升自己的育儿水平。

此外，父母还要及时肯定、赞赏祖辈有效的做法，并挖掘祖辈身上的优良品质，如勤俭节约、诚实守信等，一起给婴幼儿树立榜样。

育儿宝典

隔代教育的正确打开方式

"小朋友们，看一看你们手里的蝴蝶模板，和家长一起观察一下它们的翅膀有什么特点呢？老师提示一下，可以将翅膀对叠试试哦……"在南京市玄武区玄武湖街道徐庄社区"一老一小"公益亲子课堂上，老师正在为该社区的老人和孩子上早教课。

为了解决老年人在隔代教育上的困惑，提升居民家庭教育水平，徐庄社区通过"青苗学堂"品牌，推出了"一老一小"公益亲子课堂。该社区根据婴幼儿的年龄特点，设计了不同主题的亲子早教课程及益智游戏活动，包括音乐律动、体能锻炼、艺术创想、语言发展、益智开发、行为表达等方面，让老年人在参与家庭教育的同时，也能注重"带娃"中的"大学问"，帮助老年人提升科学育儿水平，减少隔代教育的弊端。

（参考资料：姜心禾，《青苗学堂开课了，教好居民"隔代教育"的正确打开方式》，南京市玄武区人民政府，2022年11月3日）

2. 建立有效的沟通渠道

父母和祖辈可以通过定期召开家庭会议的方式，交流婴幼儿的教育情况。双方应坦诚地交流彼此对于教育婴幼儿的想法与感受，先分析各自的教育理念和方法分别有哪些不妥之处、可取之处，再共同思考如何解决当前育儿过程中遇到的问题，通过理性交流达成育儿共识，确保婴幼儿在成长过程中得到一致、连贯的教育引导。

经典咨询实例

咨询一 过度依赖妈妈的小涛

（一）咨询案例

小涛 2 岁时，父母离婚了，并各自组建了新的家庭。小涛跟着妈妈一起在新的家庭生活，新的家庭有继父和妹妹。小涛很难适应这种变化，不管做什么事都要和妈妈一起，但妈妈工作繁忙，只能偶尔抽空陪伴小涛。一天，小涛妈妈发现小涛把妹妹的玩具占为己有，并谎称玩具是自己的。这让小涛妈妈感到非常愤怒，于是便严厉地斥责了小涛，并让他立刻把玩具还给妹妹。小涛听了妈妈对自己的批评后，伤心地哭了，然后跑回了自己的房间。

（二）发现问题

首先，小涛表现出对妈妈的过度依赖，是因为他缺乏足够的安全感和归属感，希望通过跟随妈妈来获得安慰。其次，小涛将妹妹的玩具占为己有并谎称是自己的，可能是在试图建立自己在新家庭的地位和角色。但是，小涛妈妈没能察觉到小涛的真实想法，也没有正确引导小涛合理表达自己的情绪。

（三）指导建议

小涛妈妈应多陪伴小涛，尤其是在他情绪不稳定的时候，给予他足够的关爱和安慰。面对做错事的小涛，小涛妈妈应保持冷静，避免在愤怒的情绪下过度斥责小涛，因为过度斥责可能会让小涛感到更加害怕和不安，不利于问题的解决。小涛妈妈应充分了解小涛这种行为背后的原因，并鼓励小涛适当地表达自己的情绪和需求。

（四）专家点评

重组家庭婴幼儿的内心往往更加敏感和脆弱，对爱的渴求也更为强烈，他们需要情感上的关爱和支持。因此，重组家庭的家长应承担起陪伴婴幼儿的责任，并关注婴幼儿的情绪变化，及时给予安慰和引导。

咨询二　过度赞美不可取

（一）咨询案例

　　2 岁的微微从小在爷爷奶奶的夸赞声中成长。当她不经意间露出微笑，爷爷奶奶便满心欢喜地称赞："宝宝笑得真好看！"当她咿呀学语时，哪怕只是简单的几个音节，爷爷奶奶也会表扬："宝宝真是小天才！"就连她闹脾气、耍小性子时，爷爷奶奶也不忘赏识："微微真有个性！"

　　随着微微慢慢长大，微微的父母和老师渐渐发现一个问题：微微似乎只能接受赞美之词，不能接受任何形式的批评，而且她经受不起生活中的一点点挫折。

（二）发现问题

　　由于长期沉浸在爷爷奶奶毫无保留的赞美之中，微微可能对自己产生了不切实际的认知，认为自己在所有方面都是出色的、无可挑剔的。这种不准确的自我认知会导致微微出现过度自信、抗挫折能力弱、缺乏自我提升的动力等问题，从而阻碍其健康成长和发展。

（三）指导建议

　　首先，微微的爷爷奶奶应认识到过度赞美的危害，并适当调整对微微的教育方式，避免无原则的赞美。例如，当微微表现出色时，爷爷奶奶可以给予适当的肯定和鼓励，而非过分地夸奖和表扬。其次，爷爷奶奶应通过日常生活中的小事，逐步培养微微的抗挫折能力。例如，当微微遇到困难时，爷爷奶奶应鼓励她勇敢面对，帮助她一起想办法解决困难，而不是让她放弃或代替她解决困难。

（四）专家点评

　　婴幼儿在成长过程中，确实需要来自家庭的鼓励和支持，但这并不意味着家人可以无原则地赞美和夸奖婴幼儿。过度赞美不仅不能有效表达对婴幼儿的肯定和鼓励，反而会干扰婴幼儿对自己的客观认识和评价，使其过于依赖外在的评价，还会阻碍了他们从失败和挫折中学习的机会。久而久之，婴幼儿会缺乏独立性和自主性，难以适应任何环境的改变和挑战。

学以致用

综合测试

>> 一　不定项选择题

1.（　　）是指夫妻双方因离婚、丧偶等而仅由一方与未成年或不具备独立生活能力的子女共同生活的一种家庭形态。

  A. 单亲家庭   B. 重组家庭

  C. 隔代抚养家庭   D. 独生子女家庭

2. 单亲家庭婴幼儿家庭教育易出现的问题不包括（　　）。

  A. 家长心态失衡   B. 家长陪伴不足

  C. 家长教育方式不当   D. 家长陪伴充足

3. 重组家庭婴幼儿家庭教育的指导策略包括（　　）。

  A. 进行良好的情感沟通   B. 创设和谐的家庭环境

  C. 采取统一的教育方式   D. 区别对待不同的婴幼儿

4. 隔代抚养家庭婴幼儿家庭教育易出现的问题不包括（　　）。

  A. 教育方式不一致   B. 家庭教育角色模糊

  C. 缺失亲子陪伴   D. 教育资源与机会不均

5. 在照顾和教育婴幼儿的过程中，祖辈应学会把握尺度，做到严慈相济，而不是一味溺爱，做到（　　）。

  A. 注重培养婴幼儿的独立性，引导婴幼儿自己动手做力所能及的事情，如穿衣、吃饭、整理玩具等

  B. 充分尊重婴幼儿的好奇心和探索欲，鼓励、支持婴幼儿尝试新事物，并提供必要的帮助

  C. 为婴幼儿创造与同龄人交往的机会，让婴幼儿感受交往的乐趣，并引导他们学习基本的社交技能，提高他们的社交能力

  D. 避免过度满足婴幼儿的需求，尤其是不合理的需求，以免他们形成不良的习惯和个性

二 判断题

1. 在成长过程中，婴幼儿通常会通过观察和学习家长的行为模式来形成自己的个性。
（　　）

2. 单亲家庭的家长容易将全部的情感和期望都寄托在婴幼儿身上，这可能导致家长采取不当的教育方式。
（　　）

3. 在重组家庭中，如果婴幼儿之间发生冲突，家长可以适当偏袒某一方。　（　　）

4. 在隔代抚养家庭中，祖辈和父母通常在教育背景、社会经验、人生阅历等方面存在很大差异，这导致他们在教育婴幼儿时可能存在各自的要求或标准。　（　　）

5. 在隔代抚养家庭中，婴幼儿对父母的情感需求可以由祖辈所取代。　（　　）

三 简答题

1. 简述单亲家庭婴幼儿家庭教育指导策略。
2. 简述重组家庭婴幼儿家庭教育易出现的问题。
3. 简述隔代抚养家庭对婴幼儿发展的消极影响。

四 实践题

全班学生以小组为单位，按照以下步骤完成本次"为不同类型家庭设计家庭教育指导方案"的实践任务。

〔实践分组〕

全班学生以 4～6 人为一组进行分组，各组选出组长并进行任务分工，将小组成员及分工情况填入表 6-1 中。

表 6-1　小组成员及分工情况

班级		组号		指导教师	
小组成员	姓名	学号		任务分工	
组长					
组员					

〔实践步骤〕

（1）根据本次活动主题，利用互联网搜集、整理不同类型家庭的育儿案例及资料，并进行分析和讨论，总结育儿案例中的问题。

（2）根据所学知识和案例分析结果，设计一份访谈提纲。访谈提纲的内容应包括婴幼儿的教育需求、家长的教育方法、教育过程中存在的问题等。

（3）根据访谈提纲采访 6 个不同类型家庭（单亲家庭、重组家庭、隔代抚养家庭各 2 个），并将相关内容填写到表 6-2 中。

表 6-2　不同类型家庭的访谈记录

家庭类型		婴幼儿的教育需求	家长的教育方法	教育过程中存在的问题

（4）先分析不同类型的家庭在教育婴幼儿的过程中存在的问题，然后设计一份具有针对性的家庭教育指导方案，并将相关内容填写到表 6-3 中。

表 6-3　不同类型家庭的家庭教育指导方案

家庭类型	指导内容	具体措施	注意事项

（5）撰写总结报告，包括案例分析、访谈提纲、访谈记录、指导方案等，记录过程、成果和反思。

〔实践成果〕

各组组长以 PPT 的形式在班级内展示本组的总结报告，并进行相应的解说。

学习评价

教师可以从基本知识、实践技能、综合素质、活动成果等方面对学生进行评价，请各位学生配合指导教师共同完成学习评价表（见表6-4）。

表6-4　学习评价表

班级		姓名		学号	
组号		指导教师		日期	
评价维度	评价标准		分值	评分	
				自评	师评
基本知识（20分）	了解单亲家庭、重组家庭、隔代抚养家庭对婴幼儿发展的消极影响		6		
	熟悉单亲家庭、重组家庭、隔代抚养家庭婴幼儿家庭教育易出现的问题		6		
	掌握单亲家庭、重组家庭、隔代抚养家庭婴幼儿家庭教育指导策略		8		
实践技能（30分）	能够正确认识单亲家庭、重组家庭、隔代抚养家庭对婴幼儿发展的影响，并有效运用合适的家庭教育指导策略		15		
	能够通过咨询发现单亲家庭、重组家庭、隔代抚养家庭婴幼儿家庭教育存在的问题，并给予合适的指导		15		
综合素质（20分）	具有较强的观察能力		6		
	能够透过现象看本质，培养理性思维		8		
	具备严谨、求实的学习态度		6		
活动成果（30分）	访谈提纲设计合理且针对性强		7		
	总结报告内容全面、分析到位、详略得当		10		
	PPT制作精美、图文并茂		7		
	解说富有条理		6		
合计			100		
总评	自评（30%）+师评（70%）=				
教师评语				教师（签名）：	

参考文献

[1] 翁治清. 婴幼儿家庭教育指导［M］. 上海：复旦大学出版社，2023.

[2] 王红. 0—3 岁婴幼儿家庭教育与指导［M］. 上海：华东师范大学出版社，2020.

[3] 艾桃桃，张文军，周琨武. 婴幼儿家庭教养指导［M］. 北京：中国人民大学出版社，2024.

[4] 张凤敏. 婴幼儿家庭教育［M］. 上海：上海科技教育出版社，2021.

[5] 吴洪健，柳铭心. 0～3 岁婴幼儿家庭教育与咨询指导［M］. 北京：北京师范大学出版社，2022.